副业赚钱

告别“死工资”，早日实现财富自由

一龙◎著

中国商业出版社

图书在版编目（CIP）数据

副业赚钱 / 一龙著. -- 北京 : 中国商业出版社, 2021.4

ISBN 978-7-5208-1593-2

Ⅰ. ①副… Ⅱ. ①一… Ⅲ. ①副业—基本知识 Ⅳ. ①F307.5

中国版本图书馆CIP数据核字(2021)第062422号

责任编辑：管明林

中国商业出版社出版发行

010-63180647 www.c-cbook.com

（100053 北京广安门内报国寺1号）

新华书店经销

三河市冀华印务有限公司印刷

*

880毫米×1230毫米 32开 6印张 139千字

2021年4月第1版 2021年4月第1次印刷

定价：36.80元

* * * *

前 言

养家靠副业，发家靠复业

马斯洛在《人类激励理论》中指出，人的需求由低到高分为五种，分别是生理需求、安全需求、爱和归属需求、尊重需求，以及最高层次的自我实现需求。如今，我国发展进入快车道，无数的人在经济高速发展的洪流中奋力拼搏，争取早日实现美好生活。

面对房贷、车贷以及孩子奶粉钱、上学费用等越来越大的开支，很多人不仅在上班时间拼命工作，下了班依然出去从事跑滴滴、送外卖等副业。“副业”这个词渐渐火了起来。应该说，副业确实是很多家庭非常好的一个选择。甚至有人买车的目的就是希望能靠跑滴滴多赚一点钱，虽然辛苦，但能够补贴家用。

李师傅是众多滴滴司机中的一员。两年前，他在一家汽修公司上班，车贷压力大，孩子又刚上幼儿园，各种开支不小。为了缓解财务压力，他下班后跑起了滴滴。虽然常常工作到深夜，但为了孩子能够接受更好的教育，他无怨无悔。

一年后，跑滴滴赚的钱渐渐超过他的主业，他索性把主业辞了，专门跑滴滴。现在，他的接单量已经超过一万单，对所在城市的大街小巷了如指掌，每月收入相当不错，不过增量不多。他刚刚辞职那会儿，只要每天在外面多待一会儿，就能多赚一点钱。但随着工作时间的逐渐饱和，想要让收入继续增长，就必须在天气不好或者凌晨、深夜这种一般司机不愿意出车的时候接单。辛苦自然不必多说，因为长期劳累再加上生活作息不规律，他明显地感觉身体状况不如从前，而且未来似乎看不到收入能够再进一步增长的可能。

很多人从事副业就是这样，投入了大量的时间和精力，但却极度压榨了原本用于自我提升的时间，虽然收入逐渐增加，但是很快便会触及天花板，想要再增长一分，必须付出十分的努力，渐渐地便觉得未来茫然无期。

其实，靠副业养家本身是没有错的，但是在这么一个社会高速发展、所有人铆足了劲增加自我核心竞争力的时代，要想把副业变成事业，闯出一片天地，只靠勤奋和努力远远不够。我们要从认知上改变自己。认知属于“道”的层面，虽然无法带来直接利益，但却影响我们的事业最终能够走多远，决定我们的上限。无论是日本著名的企业家稻盛和夫，还是享誉中外的功夫之王李小龙，他们之所以能够取得如此高的成就，不仅仅是靠精湛的技艺，更多的是哲学的力量。这里的哲学就是思想，使他们能够站在更高的层面完善自我，达到一般人达不到的境界。

因此，想要通过副业改变人生的朋友，首先要改变自己的思维。当你的认知完成升级，你很快就能够发现，一般副业只能养家，要想发家必须靠复业。这里的复业不是指“恢复从前的工作”，而是将自己的主业、副业复合起来，把“加法式”收入变成“乘法式”收入。

这位滴滴司机之所以很快触及收入天花板，关键在于没有时间提高自己，所从事的工作无法通过经验或者时间累积实现质的变化。对于这样的副业，长久地做下去，对自我成长来说无疑有巨大的危害。想借此养家还行，毕竟这也是份工作，有需求就有市场，不至于饿死。但想借此致富显然不太现实，因为时间有限，这样的副业和用时间换钱其实没有区别。

那么，什么样的副业才有发展前景，我们又该如何找到可以复业的副业呢?

虽然市面上的工作有三百六十行，但无论干哪一行，要想赚到大钱，都必须站到行业顶端才有可能。2020 年火遍网络的直播带货，全国数以百万、千万计的主播，除了顶级流量外，有谁真正赚到钱？要成为行业的前 20% 没有那么容易，天时、地利、人和缺一不可，最重要的是你在副业中要有独特的优势。

虽然市面上的副业五花八门，听起来个个“钱途”无限，但盲目进场只会沦为炮灰，消耗大量的时间、精力之后一无所获。因此，如何找到适合自己的副业成了重中之重。从技能入手、经验入手、爱好入手……都是我们可以采取的方式。只有在自己热爱的、有优势的行业里打磨，我们才有可能真正把副业做成事业，改变命运，实现梦想。

副业之路，道阻且长，当知有所为、有所不为。如何在纷繁复杂的信息中筛选出有用的，不为浮躁的氛围所裹挟，坚守初心，踏实做事，是保证副业能够变为复业的关键因素。否则，轻则上当受骗、人财两空，重则锒铛入狱。这些年来，从各大新闻报道中不难看出，既有人搭上了时代红利的快车实现逆袭，也有人秉承金钱至上的想法在法律红线的边缘疯狂试探。

能够思考副业，就说明你已经有了一颗不安现状、积极进取的心。要想提高自己的成功率，还需要掌握一些小技巧。你需要懂得包装营销自己，用复利思维不断滚雪球，做好副业的职业规划等。每一项深入研究后，都不是简单几句话能够概括得了的，所谓“世事洞明皆学问，人情练达即文章”正是如此。

翻开本书，里面有你从事副业需要知道的一切。虽然没有办法帮你实现百分之百的成功，但只要能将成功率往上提那么一点，本书就是有价值的。“乘风破浪会有时，直挂云帆济沧海。”祝每一个不甘平凡的副业人都能获得成功！

目　录

第1章　“副业思维”就是“成功思维”

如果决定发展副业，第一步就是改变自己的思维，提升自己的认知。都说“兵马未动，粮草先行”，要做副业的人，思维上的准备就是他们的粮草。思维上的改变，永远是行动改变的根源。如何经营好副业，用到的思维本质上和如何取得成功是一致的，那就是不满足、敢付出、抗风险、拒安分，以及放长线。

第2章 寻找自己身上可以变现的“闪光点”

当我们完成认知上的升级，做好思维上的准备，就应该问自己：“从哪个方向入手副业？”面面俱到是不可能的，对于普通人来说，发展副业最高效的办法就是从一个点入手，由点成线，最后连成面，将副业转正，真正实现财务自由。那么，这个“点”该怎么寻找呢？主要从技能、经验、产品、爱好、信息、人脉六个方面入手。

第3章 不可不防的“副业陷阱”

虽然说可以发展的副业很多，只要找对方法，沉下心来踏踏实实做事，假以时日，一定能有所成就，但在副业路上难免出现一些陷阱。不是所有的副业都具有挖掘的价值，那些会对主业造成伤害、高投入低产出的，大家一定要三思而后行。更有些副业，挂着“躺赚月入过万”的诱人标题，吸引你入坑，到头来人财两空，白白花了时间、精力，还赔进大量金钱。本章主要介绍需要避免的陷阱，让你从事副业时少走弯路。

第4章 副业的本质——“销售自我”

副业究其根本，就是分析自身的爱好、特长、资源等，结合当下机遇，为自己创造更多的可能性。因此，做副业最重要的是学会自我销售。如何把自己的技能、资源变现？如何让别人愿意为此付费？该以什么样的价格让别人付费？这些都是副业创业之初应该想通的问题。

第5章 以"复利思维"指导副业赚钱

副业之所以叫作副业，就是因为和主业相比，它处于从属地位。正因如此，很多人觉得副业就是小打小闹，业余时间多少挣点，补贴家用就行。殊不知，副业和主业的地位是可以转换颠倒的，只要发展得好，副业收入甚至会远远超过主业，成为实现财富自由的事业。那么，如何实现副业到事业的转变呢？关键就在于"复利思维"。

第6章 "网络副业"——只有想不到，没有赚不到

在互联网和个人终端未普及前，绝大多数的副业需要在外奔波，还受到时间、地点的限制。但是随着互联网和个人终端的普及，人们足不出户、随时随地就能经营副业。这类依靠互联网发展的副业，称为"网络副业"。

互联网衍生出许多行业，各个行业对人才都有很大的需求。可以说，网络副业千千万，只有想不到，没有赚不到。

第7章 谁说副业无须职业规划

我们做事情时，如果能先拟订计划，会发现执行时异常顺畅。同样，如果对职业做好规划，会发现工作更轻松，职业发展前景变得广阔起来。副业也是职业，所以需要有职业规划。根据规划，可以选择最适合自己的副业，让副业与主业、家庭、生活和谐共存。

第❶章 “副业思维”就是“成功思维”

如果决定发展副业，第一步就是改变自己的思维，提升自己的认知。都说“兵马未动，粮草先行”，要想做副业的人，思维上的准备就是他们的粮草。思维上的改变，永远是行动改变的根源。如何经营好副业，用到的思维本质上和如何取得成功是一致的，那就是不满足、敢付出、抗风险、拒安分，以及放长线。

副业思维一：不满足

为什么说副业思维就是成功思维？因为人一旦动了做副业的心思，就意味他开始不满足，而这恰恰是成功者的思维起点。

papi 酱的例子想必大家都十分熟悉。她称得上是 2016 年的中国第一网红，以犀利的风格、搞怪的画风瞬间在网络上吸粉无数，后来成功拿到风投，把副业真真正正玩成事业。

2006 年，毕业于中央戏剧学院的 papi 酱开始担任某娱乐网站的节目主持人。因为专业出身，又和北京电影学院有往来，所以毕业后，她一直从事电视节目的配音、编导、主持等工作。应该说，这是很多人羡慕的工作。但她不满足于此，她有自己热爱的事业，那就是表演。可是演员这条道路并不好走，哪怕她毕业于中央戏剧学院，想进入演艺圈依然困难重重。

这时候，网络视频引起她的注意。如果能利用互联网，自己既当导演又当演员，岂不是两全其美？于是，她在工作之余开始录制小视频。一开始，她并没有引起多少人的注意。2015 年年初，她完全抛开美女包袱，开启浮夸表演的新模式。这一招十分奏效，关注她的人渐渐多了起来。

同年8月，她的作品《男性生存法则第一弹》爆火，微博转发两万多条。papi酱意识到这条路可以走通后，再接再厉，10月推出变声版本，也就是我们熟悉的那种视频风格。

这时候，papi酱的表演之路已经起飞。2016年，她已经成为当之无愧的中国第一女网红。同年3月，罗辑思维等机构的1200万元投资更使她的知名度得到再次提升。一个月后，她的第一次视频广告拍卖以2200万元的天价成交。

其实，这就是一个典型的因不满足而发展副业，最终取得成功的例子。

这类人的不满足一般有三个方面。

首先，不满足于现在的工作和收入。

注意，是"不满足"现在的工作和收入，而不是"不满"现在的工作和收入。这是有本质区别的，不满来自对现实的无力感，它是一种抱怨，属于负面情绪。不满足，则是一种向上的追求，它是一种动力和鞭策，是上进心的来源。papi酱已经是很多人羡慕的对象了，但她不满足于此，她有更高的追求。这和普通人不满足朝九晚五的工作是有本质区别的。

因为不满足，所以甘愿通过额外付出赢得更好的回报。当他们把别人喝咖啡、看电影的娱乐时间用到提高自身能力、赚取额外收益上，这便是促使人们成功的一种源动力。

其次，不满足于当下的人际关系。

有些人天生是自由的鸟，而非笼子里的金丝雀，他们希望飞到更远的地方看一看，见识更大的场面、更多的人。有了如此的追求后，他们便会经常"离巢"探险。通过探险，不仅拥有了更多的回报，也看到了更广阔的天空。

最后，不满足于现在的状态。

要想成功的基因，让他们永远不会待在舒适区享受安逸，必须折腾，认为人生不是朝着一个固定的目标亦步亦趋，而是通过不断的探险和发现寻找全新的意义。

以上三种不满足，是大多数人搞副业时内心的想法，也是大多数成功者的习惯性思维。因此，可以说副业思维与成功思维高度重合，二者存在着关联性。

现实生活中，还可观察到一种现象：很多人羞于搞副业，认为那是一件很丢面子的事，而真正有决心、有毅力从事副业的人，却似乎不那么看重“面子”。将这种现象平移到对成功与失败的观察和总结中去，也可发现一条真理：越是平庸的人，越重视自己那一点点所谓的尊严，而很多优秀人物在他们的成长过程中更能“豁得出去”，理性看待他人对自己的态度和评价。

这是因为，平庸的人往往重视条件自尊，成功的人追求的是事实自尊。

所谓条件自尊，是指他人的正面评价产生的自尊，他很容易被外界影响。所以，这种人的自尊状态不稳定。当外界给予高度评价的时候，他会非常满足；相反，当外界的评价比较负面的时候，他就会产生强烈的自卑心态，而这种心态往往会发展成为“恼羞成怒”。

正视事实自尊的人，他们更加熟悉来自外界的评价，很清楚自己的定位，不会轻易被外人的说辞扰动。通俗来讲，他们知道自己几斤几两，既不会因为外人给予的高度评价而飘起来，也不会因为受到一些非议或批评就沉下去。他们的一切行动，皆来自对“我想要成为什么样的人”“我希望得到什么”的考量，而不是在行动的时候总是想“我这么做别人怎么看我”“只要能够让大家满意，我可以改变做事方式”。

自尊状态不同，造成人的行为方式也不同，形成两种完全不同的人生轨迹。那些不在意别人怎么看、怎么说，一心探索副业出路的人，很明显就属于事实自尊的那类人。他们的执行力更强，方向更坚定，是天生可以成事的那类人。

我们不是说搞副业的都是成功者，不搞副业的就是失败者，而是说搞副业的人拥有更多的成功心态，他们不容易满足，更有野心，在主观能动性上拥有比较强的能量。这样的人，获得成功的概率自然比普通人更高一些。

副业思维二：敢付出

一个人一旦做出干副业的决定，就应做好敢付出的心理准备。一分耕耘一分收获，天下没有免费的午餐，只有浸满汗水的丰收、历经风雨的彩虹。

副业虽然以“副”为名，可仍属于“业”的范畴，只要是事业、工作，要想成功就需要付出和投入。有些人没有清醒地认识到副业付出的重要性，觉得副业随便搞搞就行，不需要认真地付出。殊不知，副业也具有主业的逻辑，不付出不可能有收获。在“随便搞搞”的思想指导下，时间白白流逝，收获还不理想，最后只能两手空空，成为可悲的“寒号鸟”。

所以，既然打定主意做副业，就要摒弃不劳而获的幻想，强化敢于付出的副业思维。

喜欢玩王者荣耀的朋友听到“指法芬芳”这个词时，想到的第一个人是谁？没错，就是张大仙。如今在王者直播领域，张大仙可以说是一个标杆式的存在。很多靠着游戏直播起家的大主播，一开始的时候都是因为张大仙的视频而走上了这条道路。要论影响力，王者荣耀直播领域能跟张大仙 PK 的主播还真的寥寥无几。

很多人觉得张大仙轻松幽默的直播风格，发展一定顺风顺水，其实不然。作为家里的长子，早年因为家里生意失败，张大仙不得不挑起生活大梁。因为善于打游戏，他想到了直播，但是初入行业的他连续播了两个月却颗粒无收。带着沮丧的心情，张大仙不得不收拾行囊，到上海谋求发展。

到上海之后，他虽然找到一个游戏策划的工作，但并没有放弃自己做直播的理想。那段日子，他白天上班，晚上直播，还要挤出时间做攻略、剪视频，经常忙到深夜。有时候，为了节约时间，他甚至直接睡在公司。即便如此，这条道路依然坎坷万分，各种纠纷让他心力交瘁，不少网友甚至对他无端指责。

但是张大仙挺过来了。带着对直播和游戏的热爱，他一路艰辛地走下来，上天也没有亏待他。如今坐拥千万粉丝的他，堪称货真价实的“王者一哥”。我们很难想象张大仙为此付出了多少，但毫无疑问，正是这些经历成就了今天的他。

其实，副业思维与成功思维相连相通。创业初期，直播对张大仙而言只是一个无法盈利的副业而已。他不仅需要每天下班后直播 6 小时，更会因找素材、剪视频，一干到天亮。这份为副业付出的勇气，相信是每个打算从事副业的人都应该好好学习的。其实不只是他，社会上各行各业的成功者，无不具有敢于拼搏、敢于付出的思维逻辑，在实践中不畏艰险，用持久的付出赢得回报。

要想强化敢于付出的副业思维，就必须战胜副业思维的大敌——惰性心理和游戏态度。水往低处流，人往高处走，人之所以不同于流水，就是因为具有主观能动性，不会随波逐流，有方向，有目标，并能积极行动起来。若人真的懒惰那就如同一摊水，只能越流越低。懒惰者往往自己不动，却喜欢做“歌颂者”，赞扬别人的付出。这种“动嘴不动身”的做法实际上是一种自我麻痹、自我慰藉，是为了补偿自身的无力感。因此，懒惰的人怕这怕那，毫无活力；行动起来的人，人生才能摆脱沉沉死气，奏响高昂的生命之歌。

有些人虽然能动起来，却带着游戏的态度，总是无法认真对待副业。他们心不在焉，不肯付出百分之百的努力。要想做到“心在焉”，必须制定高标准，严格要求自己。游戏人生看似轻松自在，却为未来埋下祸根，根本不利于副业的成功，只能在“乐呵呵”中虚度光阴。

无论是懒惰心理和游戏态度，其根源除无法认清副业的逻辑之外，更多的是一种逃避，逃避付出，逃避辛苦，逃避困难。我们应该清醒地认识到，人的一生，该付出的必须付出，该经受的辛苦必须经受，逃避只是缓兵之计，不是解决问题的办法。你设法逃避的，生活会强迫你补上；现在逃避的，将来还得补上。人生的答卷，每一笔每一画都决定着最终的结果。作家茨威格说得更透彻：所有命运赠送的礼物，都早已在暗中标好了价格。

当我们用敢于付出的副业思维指导行动后，就会发现付出其实是一件快乐的事。心理学家告诉我们，通过努力实现目标带来的幸福最持久，幸福感也是最高的。马斯洛的需要层次理论表明，“缺失需要”使人类得以生存，而“生长需要”使人类更好地生活。所谓“生长需要”，是指自我实现的需要，发展潜能、实现理想都属于这个范畴。当我们全身心投入喜欢的事业，埋首于为实现目标而进行的工作，我们就是幸福的。副业的成功带来的幸福不亚于任何一种事业，它值得我们勇于付出。当我们沉浸其中，就会发现自己的潜能，惊讶于自己的能量。要记住：台下付出的所有汗水和努力，舞台和观众都会回报给你。当我们获取丰收的果实之时，再回望付出，就会发现一切都是值得的，都让我们心生喜悦。

不过，付出需要讲究策略和头脑，盲目付出要不得。并非所有的付出都一定能换来回报，只有最聪明、最合理的付出才能最大可能地带来收获。理性的付出，最关键的一条就是因人制宜。

人在学习和成长的过程中，会形成自己的优势技能，逐渐发现兴趣和特长所在。刻在希腊圣城德尔斐神庙上的箴言"认识你自己"，不断提醒我们要找到自己的优势和兴趣。如果你有好嗓子，就选择唱歌；如果有一支生花妙笔，就尝试写作……只有在兴趣和优势结合的领域不断发力，才能避免走弯路，才有可能顺利取得他人须付出数倍努力才能取得的成就。因此，我们不仅要敢于付出，还要善于付出。

副业思维三：抗风险

任何事情都不可能一帆风顺，做副业也是如此，伴随着各种风险。如果我们处理不好，就极有可能功败垂成，付出大量的时间和精力，却还是以失败告终，不仅没有挣到钱，还严重打击了自信心。

因此，无论打算从事何种副业，一定要做好对抗风险的心理准备。如何抗住潜在的风险，是每个副业人起步前都要做好的一门必修课。这里简单介绍两种策略，用于应对不确定性风险和确定性风险。

不确定性风险通常指的是那些会发生，但发生的时间、形式均不确定的风险。就如今很火的内容创业来说，因其轻资产、低门槛的特点吸引了大批的创业者，但大多数人坚持不到一个月便会放弃，能坚持半年以上的更是凤毛麟角。

原因是什么？很多人觉得，内容创业不就是写写文章，录录视频，发到网络上吸引粉丝，然后坐等变现。从逻辑上讲确实如此，但问题的关键在于，凭什么人们要关注你写的文章或者视频？你的文章讨论的是不是人们关心的问题，视频传递的能不能带来价值？如果只是毫无意义的自嗨，那么人们凭什么把注意力放到你的身上？

假如你做了很多功课，产出的内容具有价值，是不是就可以了呢？也不尽然。因为网络上每天都在产生数以亿计的内容，在这样的信息洪流下，你精心策划的内容不一定能够传递给目标人群。这就是不确定性风险。尽管你的内容很好，你为此付出大量的时间和精力，但是一篇文章发出去后可能阅读量只有个位数，甚至还因审核规则被平台打回。

一次、两次我们可能还会安慰自己不要紧，坚持就是胜利。可是如果一周、两周甚至一个月，阅读量的增长依然徘徊在几十、几百，粉丝增长曲线一马平川，这时你还能淡定吗？连续花了一个月，投入大量的时间和精力，却没有一分钱进账，这时候你是不是会怀疑自己到底是不是这块料？

从事副业，这样的风险绝对存在。我们可能投入很多，但没有收入，看不到未来，这时候怎么办？有句话说得好，"创业最难的，是你付出最多，却挣得最少的时候"。应该说，我们从事副业的过程中，这样的阶段肯定是存在的，往往是刚刚起步的时候。很多人坚持不了多久就放弃了，所以他们永远看不到第二天升起的太阳。

那么，应对这样几乎必然发生的风险，我们能怎么做呢？首先，要纠正一个思维误区，很多人觉得赚钱是线性的。一个月赚 5000 元，半年就能赚 3 万元。上班的时候这么考虑当然没有问题，但做副业就不是这样了，尤其是在内容创业领域。你在后台看着粉丝增长的数量，一天 10 个，一年是 3650 个，想要成为百万粉丝的大 V 需要 274 年。这就是最常见的线性思维误区。很多人正是因为按照这个思路思考问题，才更容易放弃。

应对这样的风险，需要换一个思路。因为内容创业的财富增长根本不是线性的，而是指数型的。真正起到决定作用的，其实就是一两篇内容而已。我们只需牢记，只要受众没有问题，产出的内容有价值，长久地坚持下去，就一定会有一篇内容爆火，为账号带来大量流量。但是哪一篇会爆，在什么时候爆，这些我们很难掌控，唯一能做的就是持续性地输出价值。

想通了这点，不确定性风险就被化解了，因为成功几乎是必然的。很多网络大 V 会说，他的成功是因为运气，某某文章火了，所以就红了。这句话说对也对，说不对也不对。哪篇内容能火确实很难把握，运气成分更多一点。有些人一写就火，这属于运气爆棚，天生奇才。但更多的人，是要靠持续的努力，才最终有所收获。一件成功率为 1% 的事情，只要重复 100 次，成功的概率就会相对提高。

这个思维对于那些准备从事副业，或者刚刚开始副业的朋友来说，是非常重要的。无论从事什么副业，失败的风险都很高，但只要重复，就一定能够柳暗花明。这是一种把偶然变成必然的方法。

以上讲的是不确定性风险，对于确定性风险，又该如何应对呢？确定性风险是指那些已经发生、摆在面前的风险。相比于不确定性风险，这类风险更加具体，应对方法也是具体的。

面对这样具体的问题，我们要做的就是具体问题具体分析，要分析环境、分析目标、给出策略。

为了更形象地说明，我们先看一段小故事：

一个经常跳广场舞的阿姨突然不跳了，转而去学游泳。她的儿子很不解，就问她："妈妈，你不是最喜欢跳广场舞吗，怎么最近不去了？"

"你和你媳妇吵架的时候，你媳妇总问你，老妈和她掉进水里，你先救谁。我不想为难你，就想着学游泳了。"

后来，小两口吵架，媳妇抛出这个灵魂问题。这下小伙子没有为难，直接说："先救你，我妈会游泳。"

但是媳妇不依不饶，非要他下水。小伙子想了一会儿，说："那你死定了，我不会游泳，我妈肯定先救我。"

在这个故事里，妈妈遇到的风险是家庭不和。她首先分析了家庭问题——婆媳不和，夫妻不和，那目标是什么呢？当然是想办法让家庭和睦，策略就是自己去学游泳。

虽然这个例子含有戏谑成分，但当我们从事副业遇到具体问题时，可以按照这样的思维想办法解决。在具体策略上，可以考虑规避、转移、减轻和接受。

所谓规避，就如故事中妈妈所做的，通过学习游泳规避掉家庭不和的风险。有没有效果暂且不说，其初衷是这样的。转移是指将风险的责任和影响转嫁给第三方，比如从事电商的朋友可以通过"一件代发"的模式将库存积货的风险转移给第三方。减轻是指当风险无法避免时，尽量减轻其带来的影响，比如做网店时，增加客服人手，完善售后服务，尽量减轻差评给店铺带来的影响。接受就是当其他三种方式都无法起效时，坦然接受，毕竟"人在江湖飘，哪能不挨刀"，用积极的心态面对问题，总好过愁眉苦脸。

既然决定发展副业，很多风险就无法避免。对此，我们要做好心理和行动上的准备，只有这样，才能长久发展，并且越来越好。

副业思维四：拒安分

既然决定做副业，就应该断了想要安安分分过日子的念头。副业好比创业，每天都会面临新的挑战，没有挑战也应创造挑战，不断奋进，超越自我，才有可能把副业转正，赚到人生的第一桶金。

“摸鱼”是近年来兴起的一个网络词汇，指的是上班不干正事，专搞小动作，如打游戏。甚至有人调侃，“只要我今天摸鱼四小时，那么时薪立马翻倍”。只要工作稳定，能够完成工作任务，偶尔摸鱼也无伤大雅，但是对于副业，这种心态是绝对要不得的。

上班工作，是对上司负责，多数情况是以时间换钱；从事副业，只对自己负责，有结果才能挣钱。“摸鱼”心态除了拖慢副业进度，不会给自己带来任何有价值的回报。因此，一旦决定从事副业，就应该做好挑战自我的心理准备，放弃下班后撸串喝酒的安分生活。

史玉柱大家应该非常熟悉。他是“脑白金”的创始人，曾经多次登上中国福布斯富豪排行榜。他从来不是一个安分的人，多次创业，屡败屡战。

1989 年，27 岁的史玉柱研究生毕业。因为身在深圳，又正好处于改革春风吹满地的特殊阶段，所以他一毕业便决定下海经商。两年后，他成立了巨人公司，开发出第一款 M-6401 汉卡。这款产品一上市就展示出强势的盈利能力。1992 年，巨人公司变成巨人集团。同年，巨人集团的发展势头突飞猛进，年发展速度达到惊人的 500%！仅仅一年后，史玉柱就在全国各地开了 38 家全资子公司，在 20 世纪 90 年代实现年销售额突破 300 亿元！1995 年，年仅 33 岁的史玉柱登上了福布斯中国富豪榜第八位。

这位年轻的创业者很快成为全民偶像，但危机也悄然临近。巨人集团因为资金问题很快由盛转衰。史玉柱 35 岁的时候，他一下子从富豪变成"负"豪，背负着两亿多元人民币的巨额债务逃离广东。

一次失败是打不垮他的。天生不安分的史玉柱回到江阴市不久就借了 50 万元，准备东山再起。这一次，他把之前没做成功的"脑黄金"改成"脑白金"，借着保健品浪潮在全国范围内兴起的时机，大赚了一把。

仅仅用了三年，史玉柱就把脑白金做成全中国最畅销的保健品，并宣布偿还当年欠下的债务。应该说，有过惨痛失败经历的史玉柱此时已经得到当年失去的一切，本可以套现享福，远离破产的噩梦，可他是怎么做的呢？

他确实将脑白金套现出手了，可是并没有用这些钱环游世界，安安分分、衣食无忧地过大多数人想过的生活。他用这些资金启动了全新的项目，推出"黄金搭档"，并利用脑白金的成功经验，再次登上一座高峰。

那是中国保健品行业最疯狂的年代，因为保健品而产生的纠纷也层出不穷。随着行业的逐渐规范，以往的红利必将渐渐消失。史玉柱认识到这一点，可他会安分吗？不可能。对成功的企业家来说，创业是令他们上瘾的游戏。

2004 年，盛大游戏的陈天桥成为中国首富。敏锐地意识到游戏潜力的史玉柱立刻决定入手游戏，于是《征途》诞生了。现在的年轻人可能对这个游戏十分陌生，但对于很多 80 后来讲，这就是他们的青春回忆。在那个年代，《征途》是一款现象级的游戏，堪比如今的《王者荣耀》。

史玉柱的接连成功，固然有天时、地利、人和等诸多因素的综合影响，但有一点是确定的，那就是他不安分的内心。这其实来源于对成功的极度渴望。他们把创业当成游戏，心里想着的永远是“我要再赢一把”。哪怕暂时失败，也绝不退缩，只会再次积蓄力量以期卷土重来。这是保证他们成功且连续成功的基本要素之一。

任何想要从事副业的人，如果没有不安分的内心，没有对成功的极度渴望，万万不能做好事情。一个只想安安稳稳过完这辈子的人，不可能在激烈的竞争和市场动荡中生存下来，更别提让他们有所作为、奋力挑战自我了。

那么，我们该如何培养自己不安分的内心呢？要知道，不安分不意味着不切实际，更不是追求那些虚无缥缈的目标。它建立在科学客观的现实分析上，对自己提出超我的目标，并依照特定的方法论去实现。

都说“人贵有自知之明”，不安分的前提是设定高一级的目标，不容易实现，却也不是不切实际。那么，该如何设立这样的目标呢？首先是自知。摸清楚自己有几斤几两，野心再大，配不上实力也是空谈。因此，设定目标的第一步就是认清自己。

好好盘点一下自己的优点、缺点，看看自己有什么资源，能够调动什么资源，这些资源能够帮助你做成什么事情……依据拥有的资源设定目标，心里明白自己可能会在挑战的过程中遇到什么样的困难或者风险，不至于问题来临时手足无措。

当然，不安分的核心因素是敢想敢做。不敢展望未来的人永远碌碌无为，有野心、有实力才能拥有丰收的人生。都说"梦想还是要有的，万一实现了呢"，大胆设定目标，踏实执行，想办法实现，才是不安分的副业人最应该干的事情。

副业思维五：放长线

这是一个快节奏的时代。虽说在经济高速发展的背景下，快节奏的生活是一种必然，但也引发了一系列的社会问题，典型的就是浮躁之风越刮越盛。如今信息爆炸，网上各类文章铺天盖地，大量营销号为了利益，肆无忌惮地贩卖焦虑。最直接的后果就是年轻人都想着赚快钱，想着一夜暴富，想着一夜红遍全网，而不肯踏踏实实地专心于手头的工作。殊不知，积累和沉淀才是年轻人最应具有的品格。

很多人从事副业，目的很简单，就是多一份收入，多一点可能。如今是自媒体时代，人人皆可在网上发声，正如微信公众号创办的初衷——“再小的个体，也有自己的品牌”。因此，我们很容易看到一大批网红异军突起，仿佛一夜之间，他们就挣到了打工人一辈子都挣不到的财富。

广大网民看在眼里，羡慕在心里，再加上新闻媒体的宣传渲染，进一步点燃民众的这种情绪。这给了人们一种错觉，他能红，凭什么我就不能？他的视频也没有多大的技术含量？于是，大量民众入场，为了流量无所不用其极。这也是为什么抖音、快手等短视频软件刚上线不久，短视频就成为低俗的代名词。

等到潮水退去，人们才发现究竟是谁在裸泳。靠浮躁的风气，急于求成的内心，是做不出吸引观众的内容的。从事副业的人，无论是自媒体，还是产品营销者，一旦觉得自己能靠运气取胜，突然爆红或者爆单，就离失败不远了。

之所以大家觉得自媒体简单，一是对行业不了解，二是因为幸存者效应。如今，已经注册的微信公众号有几千万个，但真正赚到钱的有多少呢？恐怕不足百分之一。随着传统媒体的入场，行业政策的规范，以往那种只要有输出就有流量的现象将会越来越少。大家可以翻翻公众号热文榜，每天的前十名几乎都被传统媒体包揽。再回头看看"只要会扭就有粉丝"的抖音，那些粉丝过亿的巨无霸都是些什么账号。

因此，无论从行业发展趋势还是个人前景来看，要想靠副业闯出一片天，必须做好"放长线，钓大鱼"的心理准备。好好打磨自己的作品或者产品，认认真真学习，踏踏实实做事，才有可能在激烈的竞争中胜出，赚到人生的第一桶金。

那么，没有一夜爆红的账号了吗？有，而且还不少。但绝大多数所谓的爆红账号，是厚积薄发而不是运气爆棚的结果。2020年暑假，"摆货小天才""纯情阿伟"两个抖音号犹如横空出世的黑马，它们的第一个视频就斩获上百万的点赞，几个视频下来，粉丝就增长到三四十万。一个月后，粉丝破百万。这样的吸粉速度，恐怕是大多数自媒体人不敢想的。

他们的成功靠的是运气吗？不是。在"摆货小天才"之前，主角有过几年的内容创业经历，一直默默无闻，直到那句魔性的"欢迎光临"才大红大紫。因此，很多人以为把自媒体当作副业，就可以得到彩票中奖式的财富爆炸，非常不现实。

抱着碰运气的心态从事副业，九死一生，因为绝大多数人在副业起步的前几个月，很可能颗粒无收，尤其是在自媒体领域从事副业的人。一旦出现这种情况，碰运气的心态就会让你陷入深深的自我怀疑之中，宣告副业之路失败。如果这样的思维、心态没有及时得到改正，失败就会不断上演。

因此，从事副业之前，懂得“放长线”，学会打“持久战”，就显得异常重要。

村上春树说过，要与时间成为朋友。村上春树是中国人熟悉的日本作家之一。他从 29 岁开始写作，40 余年笔耕不辍。他在自传性作品《我的职业是小说家》中指出：“要想让时间成为自己的朋友，就必须在一定程度上运用自己的意志去掌控时间，这是我一贯的主张，不能一味甘于被动，要主动出击。”

以村上春树的名气，只要他愿意，完全可以每年出 N 本书，成倍地增加经济收入。但他从来都是慢条斯理的，因为他知道，好作品需要时间慢慢打磨。每当他写完稿件，都不会立即投递出去，而是静静地等待一段时间，以读者的身份审阅后，再大刀阔斧地整改。这一改就是几个月。而且，他不只改一次，每份送到出版社编辑手里的稿件，都已经过他十几次的打磨修改了。在这样的磨炼下，村上春树才有今天的名气，靠自己热爱的写作过上想要的生活。

同样，在中国网络小说火遍全球的情况下，很多朋友试图通过写网络小说挣点外快，想象着像江南、天下霸唱那样，靠着读者订阅、影视改编实现逆袭。应该说，他们的想法很好，这也是一个很有潜力的副业，但问题的关键在于，能不能沉下心好好打磨作品，熬过那段可能颗粒无收的艰难时光。

刘慈欣，大家应该更为熟悉。他是靠《三体》火的吗？是，也不是。他 1985 年参加工作，1989 年正式创作科幻小说。《三体》的第一部，是 2006 年才开始连载的。在《三体》出现前的十几年时间，他创作了包括《流浪地球》《朝闻道》等数十部科幻作品。正是这些作品的磨炼，成就了里程碑式的《三体》，并为世人所知。

"九层之台，起于累土；千里之行，始于足下。"这既是人生格言，也是副业的方法论。副业是一场持久战，不可速胜，不可不胜。如果打算在副业这条路上做出点成绩，实现财富的倍增，就要有"放长线"的思想准备，做好自己的事情，其他的交给时间。

当你开始思考副业时，就走上了成功轨道

有句话说得好："8 小时内求生存，8 小时外求发展。"对绝大多数的打工人来说，上班的 8 小时确实只是用来维持基本的生活，指望靠工资发家致富、买房买车，无异于痴人说梦、天方夜谭。

本质上，上班就是拿时间换取金钱。每个人每天的时间都是固定的，一辈子就那么长，不可能靠上班打工实现财富自由。就算有些工作高薪，往往也是让你有钱挣、没命花。996、007 安排上，每月给你两三万元又怎样，还不是只能在公司熬夜加班吃泡面。因此，如果心有不甘，希望财务自由，副业就是最好的选择。

有些人一腔热血，不满工作便裸辞创业。这不是不行，但失败的概率极高，一旦创业失败，断了经济来源，只能再回到自己曾经厌倦的办公室中去。因此，发展副业成为一个两全其美的办法，既无须辞职，保证生活开支，又能够争取更多的可能。且不说副业成功，最终转正，实现财务自由这样完美的结局，就算小打小闹，也为自己创造了额外的收入来源。

不知道大家知不知道"六神磊磊"这个人，他本名王晓磊，原是新华社重庆分社的记者。在微信公众号刚刚兴起时，他注册了一个解读金庸小说的账号，将武侠解读和时事热点结合起来，

富有趣味的同时还能让人有所思考。因为可读性强，这个账号很快吸引了大批粉丝。读金庸成功后，他很快又开了读唐诗等栏目，均取得了不小的成绩。

如今，他已经成为自媒体领域原创内容的标杆，他在文章中写道："众所周知，我的主业是读金庸。"可见，原本只是业余爱好的"读金庸"已经成功转正，并且给他带来了可观的财富。

如果说"六神磊磊"只是无心插柳，下面这个故事一定会让你有新的启发。

她叫Angie，一个普通二本院校的毕业生，像大多数学生一样，在大四那年找到一家普通的公司实习，争取在毕业后转正，避免"毕业即失业"的尴尬。然而，因为一场争执，Angie还没有度过实习期就被公司辞退了。

屋漏偏逢连夜雨，心情沮丧的Angie回到学校后才发现，自己错过了校招。盛夏到来，刚刚毕业的她踏出校门，才真正体会到什么叫"身未佩剑，出门已是江湖"的迷茫和不安。那年刚好是北京奥运会的喜庆之年，她只能在深圳和那些有着多年经验的往届生竞争，一家一家的公司求职应聘。

经过多家公司的求职面试，她终于找到毕业后的第一份工作：客服，起薪只有两千元。虽然她工作卖力，能力出众，业绩在公司有目共睹，但却迟迟没有得到升职的机会。她不想干一辈子的客服，希望在更广阔的天地有所作为。

怎么做呢？像她这样一个普通的二本毕业生，如何在深圳这个人才济济的黑暗森林中闯出天地呢？2012年，Angie因为怀孕在家休息一年。在这一年里，她除了带娃外，还充分利用每一分每一秒、读书、上培训课程，学习时间管理、心理学、管理学，系统地接触互联网。这时候她发现，这个世界向她敞开一个崭新的大门。

这段时间的学习，让 Angie 找到互联网运营的工作。尝到了学习的甜头后，她更加如饥似渴地学习，并在各平台分享自己的经验。虽然这份工作的薪酬不低，但因为之前的教训，Angie 一直想发展自己的事业。

因为自己的经验分享帮助了很多人，她有了第一批追随者，很多人靠着她分享的方法解决了生活问题。得到正反馈之后，Angie 再接再厉。2016 年，她开通人生中的第四个公众号，分享成长经验。

这时候，找她咨询求教的人慢慢多起来。一开始，她的咨询费用是每小时 59 元，后来涨到 999 元，再后来是 1499 元。那年 5 月，她月入过万，3 个月后，收入超过 10 万元。

2017 年 3 月，她成功把副业转正。当时，她靠着这项副业，已经成功赚到上百万元。

如果不是她对更广阔天地的渴望，为了改变现状而如饥似渴地学习，怎会有后来的一切？她追求发展的时候，并没有辞掉工作，而是慢慢培养，直到开花结果的那一天，副业收入远远超过正职，实现人生的华丽蜕变。

副业的前景是美好的，但光鲜的背后一定付出常人难以想象的努力。没有人能随随便便成功，正所谓“前途是光明的，道路是曲折的”。副业如创业，其实现过程绝不是三言两语所能概括清楚的。

在发展副业的路上，可能有家人、朋友的不解、质疑甚至嘲笑，可能会碰到一次又一次的失败，可能面临网友、陌生人的言语攻击，这时你还能扛得住吗？想要多少收获，就需要付出多少汗水。如果你已经开始思考副业，请你做好心理准备，这不是一条通向成功的康庄大道，而是布满荆棘和陷阱的坎坷荒野。如果你能克服路上的一切困难，请相信，财富自由在道路终点等着你。

第②章 寻找自己身上可以变现的“闪光点”

当我们完成认知上的升级，做好思维上的准备，就应该问自己：“从哪个方向入手副业？”面面俱到是不可能的，对于普通人来说，发展副业最高效的办法就是从一个点入手，由点成线，最后连成面，将副业转正，真正实现财务自由。那么，这个“点”该怎么寻找呢？主要从技能、经验、产品、爱好、信息、人脉六个方面入手。

有些技能很“抢手”

发展副业之前，可以先问问自己有没有什么技能。需要注意的是，这里的技能不是随便拉出一个都行，而要框定具体的标准。因为发展副业的目的在于挣钱，不是所有的技能都能帮你挣到钱。

有价值的技能应该满足以下几个标准。

第一，这个技能有没有市场，或者说是不是能够满足一部分人的需求。假设你钢琴弹得很厉害，但居住在小城镇，镇上既没有足够多的钢琴爱好者，也没有足够强的钢琴课购买力，那么，指望钢琴培训来挣钱显然不太现实。对于器乐类技能，要么走培训路线，要么走演出路线，这在小城镇环境下都不容易实现。因此，除了自我陶冶外，靠其变现不是很好的主意。

当然，改变现状也很简单，那就是改变环境。这可以从两点入手，要么走出小城镇，到大城市去，那里有更多的需求，足够让你将弹钢琴这项技能充分变现；要么依托网络，打破现实中的小环境，转到网络这个虚拟的大环境中去。只要运营得好，同样可以得到许多变现机会。

第二，考虑技能是否有足够的竞争力。拿摄影来说，因为手机照相技术的发展，以及各类修图软件的强大，我们已经身处大众摄影时代。摄影的门槛已经低到一部手机，人人可以操作的地步。因此，要想把摄影作为一项发展副业的技能，首先要考虑自己在这项技能上是不是有足够的竞争力。

现在，摄影师遍地，免费拍摄的有，拍摄一天一两百的也有，一套照片收费几千上万的还有。对普通大众来说，自己用手机拍摄，后期加美图滤镜就能获得满意的照片，为什么要大费周章找摄影师拍摄呢？更不用说，很多摄影师拍出的片子还不如自己用手机拍的。

要想让别人付费，就必须有看家本领，否则永远只能在行业的底层挣扎。技能的好坏，决定了你在议价过程中掌握多少主动权。虽然摄影已经没有门槛，但这不意味着拍照是一件简单的事。任何时候，优秀的从业者都是稀缺的。从创意、色彩、构图到调色，每一步都考验着摄影师的功力。没有长时间的积累和学习，很难在技能上形成核心竞争力。

第三，在这项技能上有没有多维支撑。这可看作第二点的补充，因为任何技能都不是孤立的，或多或少都和其他方面产生联系，而这些联系是提高技能竞争力的核心法宝。

还拿摄影举例。假如甲、乙两名摄影师在摄影技术上已经达到炉火纯青的地步，无论是构图、色彩，还是后期，两人不分伯仲。但是甲的人生阅历丰富，拥有一定的心理学知识，在拍摄过程中更能把握和引导拍摄对象的心理状态，他拍出的照片一定比乙高出一个档次。这不是摄影技术层面的胜出，而是甲在心理学上的优势强化了他的摄影竞争力。因此，当我们选择一项技能作为副业时，是否有多维度的支撑同样是需要考虑的。

那么，现在社会上有哪些抢手的技能呢？其实，任何技能只要达到一定的高度，就一定能成为行业的稀缺品、抢手货，形成卖方市场，有足够的议价能力。如果技不如人，哪怕从事的是火热的程序员行业，依然面对惨烈的竞争，在不学习、不积累的情况下，就会被行业淘汰。

不过，如果你是一个从零开始的新手，选择当下最热的行业自然是最优解。在互联网大潮席卷全世界的今天，任何和网络相关的技能变现能力都不会太差。就算传统行业，依托网络的推广能力，一样能实现价值的最大化。

但是问题来了，如何培养一项技能让它持续变现，成为稳定的副业收入来源呢?

主要有两点：一是认知，二是实践。

认知是所有事物的底层，也是人与人之间最大的不同。所谓知识，不过是认知的延续，而技能，只不过是其表象。照相馆里有三个学徒，甲老老实实按照师傅的技法构图、修图，没有任何创新，也无所谓创新，得过且过地混日子；乙学会了师傅的技法，能够触类旁通、举一反三，用同样的构图做出不一样的效果；丙则善于思考如此构图的理由、优劣，追问摄影的本质。

若干年后，甲最早被行业淘汰。时代在发展，任何固守过去、不懂改变的人，一定会率先出局。乙则开了自己的照相馆，传承了师傅的手艺，同时有所发展。丙则成为一代摄影大师——行业内的引领者。

这就是认知的力量，外化到技能方面，直接决定人在行业内的高度。这很像中国人喜欢讨论的境界，用创业者喜欢说的话来说就是格局。虽然前期它的作用不大，但越到后面，它对于技能的影响就越明显。努力练习可以决定技能的下限，但底层认知如何，才能决定技能的上限。

当然，任何一项技能的提高都离不开练习和实践。著名的“一万小时原则”说，只要你花一万个小时练习了某项技能，就一定能够成为该领域的大师。要指望副业实现财富自由，一定要把自己的技能训练到大师级别。只有这样，才能在该领域分到最大的蛋糕，否则永远只能挣扎在温饱线上。

宝贵经验，变现很“贵”

说到中年危机，想必大家都不陌生。这个词一出来，瞬间收割了社会上的一波焦虑。无数正处于而立之年的80后，甚至很多刚刚步入30岁的90后，都为此焦虑不已。

这个社会上，绝大多数岗位很容易被替代，甚至很多技术岗位也是如此，被“劝退”的腾讯、阿里中年程序员就是最好的证明。每年社会上都有许多应届毕业生，他们活力四射，拥有强健的身体、更富激情的思维，能加更长的班。相比于年轻人，诸事缠身、身处中年的那群人确实不是公司的最优选择。35岁就被裁员绝不是危言耸听。一旦没有平台的支持，他们想要维持过去的收入是非常困难的。

因此，如何破解中年危机，就是一道摆在人们面前非常现实的问题。这也是大家找寻副业的原因所在。其实，要破解中年危机，也不是一件非常困难的事情。因为所有的中年人，都已经在社会上摸爬滚打了十几年，无论是对职场规则还是行业内幕，都具有了相当的经验。这些经验，将是一笔可以变现的宝贵财富。

“罗辑思维”的创始人罗振宇，大家应该十分熟悉。他被称为“创业者的导师”“国内知识付费第一人”。他早年在央视工作，2008年辞职，随后开始了自由职业的生涯。辞职的那一年，他正好 35 岁。

应该说，像罗振宇这样 35 岁丢了工作的，就属于典型的中年危机。但这对他而言，不但不构成危机，反而因此走上一条康庄大道，攀上事业的高峰。辞职后的罗振宇以自由职业者的身份又当了几年财经节目的主持人。2012 年，他开始打造自己的脱口秀产品“罗辑思维”。

2015 年，微信公众号兴起之后，罗振宇以独特的形式、精辟的观点，为“罗辑思维”公众号吸引了大量粉丝，一年后的 5 月推出“得到”App，正式开启国内知识付费的浪潮。随后，罗振宇摇身一变，从创业者成为投资者，主持投资了 papi 酱等一系列内容创业产品。

至于中年危机，对于罗振宇来说，是不存在的。根源就在于，他将职业生涯十几年的经验，转化成富有指导意义的信息进行输出，吸引了一大批追随者，完成了财富的积累。

和罗振宇相似的还有吴晓波。很多人即使没有看过他的书，也知道这个人。他是著名的财经作家，被《南方人物周刊》评为“中国青年领袖”。然而，很多人不知道的是，他在成名之前，有过 13 年的财经记者经历。

十几年的记者生涯为吴晓波的写作奠定了基础。33 岁那年，他的第一本畅销书《大败局》证明了严肃的商业写作也能跻身畅销书行列，随后便以每年一本书的速度出版。《激荡三十年》《吴敬琏传》《跌荡一百年》等作品都获得了巨大的成功，为他带来可观的财富。这和他的记者生涯是分不开的。

经验是中年人最大的财富。如何把经验变现，是每个人面对中年危机时都应该好好思考的问题。

2016 年，随着知识付费浪潮的兴起，各大平台纷纷推出支持经验博主变现的功能。比如公众号的“打赏”、知乎的“付费问答”“知乎 live”等。如今，几乎所有的主流自媒体平台都推出此类功能，诸如“知识星球”“喜马拉雅”等平台更是直接提供一个“教室”。只要你有经验、有知识，就能够把它们做成课程，为自己带来额外的收入。

其实，追根溯源，知识付费不是新鲜事物。诸如心理咨询、医院挂号、法律咨询等，都是早就存在于我们中间的知识付费产品。之所以这个新词能够兴起，无非它将付费的范围扩大了。过去，无论是心理咨询还是法律咨询，从业者都具有较高的门槛，一般人可望而不可即。2016 年后，这个门槛被无限降低，只要你的经验能够为人带来价值，就能获得相应的报酬。这对于广大知识人来说，无疑是一个好消息。对于那些富有经验却又步入中年的人来说，这将是粉碎中年危机最好的法宝。

将经验变现，通常有两种方式。

一是依靠平台，比如知乎。在知识付费方面，知乎应该是不遗余力，旗下的“知乎大学”“知乎 live”“私家课”等都是很好的选择。你所要做的就是把经验整理出来，转成文字、音频或者视频的形式上传。这么做可以省去运营和推广的步骤，由平台分担，缺点是收益有限。

二是靠个人账号的影响力来变现。这是一条辛苦的道路，因为你需要同时精通引流、运营、推广等多种技术。但是付出和收益成正比，获得的报酬也会高很多。这种方式的核心在于持续输出，持续为粉丝带来有价值的经验和知识。当粉丝的规模足够大时，开付费咨询、付费课程都是非常好的选择。如今，大多数的经验分享类账号都是走的这条道路。当然，除了这项收入外，广告带来的收入也不容小觑。如果能够持续运营下去，将副业转正，借此实现财富自由也并非不可能。

爆款产品资源，你有没有

“爆款”是销售术语，通常指在销售过程中高人气、高销量、供不应求的现象级产品。得益于自媒体的发展以及短视频的兴起，现在市场上每年都有数以百计的爆款产品。如果能抓住爆款产品产生的规律，提前布局，靠此日入斗金似乎指日可待。

2019 年 2 月 26 日，星巴克在中国门店发售了一款主题杯子——猫爪杯。这款杯子因为可爱的造型，萌点直戳广大少女的内心，一推出便受到市场的热烈追捧。哪怕杯子的价格高达 199 元，依然供不应求。3 月 1 号，星巴克的天猫官方旗舰店发售的第二天就不得不应市场要求，全部放出所有库存。即便如此，所有的猫爪杯还是被一抢而空。

因为一直处于供不应求的情况，网上甚至有黄牛将这款杯子炒到一千多元。在排队购买的队伍中，居然有人为了一款杯子大打出手，实在匪夷所思。可以说，猫爪杯成了 2019 年初难得一见的超级爆款。那么，它成为爆款的秘密究竟是什么呢？

要知道，每年星巴克都会推出一款限量主题杯，为什么 2019 年的猫爪杯能受到如此青睐？更不用说在这年推出的几款杯子中，猫爪杯甚至不是主推的那款。它能爆红的秘密到底是什么？

首先要说的肯定是猫爪杯的设计。尤其是在它的推广视频中，将牛奶倒入杯子之后显示出来的猫爪，直戳广大少男少女的萌点，成功地抓住他们的内心。因此，在预售阶段，猫爪杯就成了小红书、抖音、微博等平台的现象级网红，为开售时的疯抢埋下伏笔。

你要说它靠着颜值成功地当上爆款，其他年份的星巴克主题杯怕是不服气，谁不是高颜值的，凭什么就火了你？其实，最关键的是流量和从众心理。预售时期的铺垫为猫爪杯带来足够的流量，发售时期“一杯难求”更是让消费者的从众心理被进一步放大，最终催生了这款现象级爆款。这和喜茶爆红时排得一眼望不到头的队伍是一个道理。

因此，产品要成为爆款，天时、地利、人和缺一不可，产品质量过硬只是基础，如何运营操作才是体现真功夫的地方。

对普通人来说，依靠销售爆款实现财富增值，主要有两个途径：一是懂选款，二是懂运营。这两类途径分别适用于无固定货源和有固定货源的卖家。

先讲懂选款。它要求你能够精准分析市场，把握发展趋势，做到提前布局，这样在现象级爆款出现时就能够大量出货，狠赚一笔。挑爆款是个技术活，展开来讲可以出一个系列，这里简要说明。

选款的第一步就是确定类目。市场那么大，我们不可能面面俱到，只能选择一个点切入。以女装类目为例，毕竟女人的衣柜永远缺少一件衣服，在没有特殊要求的情况下，女装是一个稳妥的切入点。

确定做女装类目之后，进一步细分。假如现在要卖连衣裙，确定这一点后就需要分析市场趋势。数据从哪里来？去淘宝的生意参谋中找。我们调出连衣裙近几年的市场趋势，排除“双十一”“618”这类消费狂欢，看看在哪些月份连衣裙销售数据的斜率是逐渐上升的，基本就可以确定在今年的同样时段，连衣裙的销量依然会保持上升。因为服装的季节性强，每年的销售规律不会差太多。

记下斜率上升的关键时间点，就可以着手备货了。备什么样的货品呢？毕竟连衣裙是个大类，不可能什么款式的连衣裙都准备。这时候，我们需要进一步缩小产品的选择范围，依据数据筛选，不要凭主观臆测。我们搜索“连衣裙”这个关键词，然后根据“搜索人气”“转化率”“点击率”等条件统计不同款式连衣裙的数据，再根据同类商品在商城的占比就能大概分析出这类款式的综合竞争力。最后，根据统计表中的竞争力排名去备货就可以了。

虽然这样的做法不能保证一定出爆款，但绝对能够挣到钱，无非就是挣得多还是挣得少罢了。

说完懂选款，再来聊聊懂运营。有些朋友有货源，可能他自己开了一家小店，或者区位优势，拥有土特产或者“祖传秘方”这种天然带有竞争优势的货源，那么如何把自己的特殊货源打造成爆款？

目前，市面上关于爆款打造的方法有很多，如十四天螺旋、好评返现、直通车卡分、秒杀群快速出量等，总结起来，大致分成几个步骤。

首先是筹备，做好基础优化。将货品的主图、详情页、标题等做一次全面优化，这对后期流量的爆发有着至关重要的作用。筹备好后就是预热，这一步其实是引流，无论你有没有网店，引流都是必不可少的，是决定成败的关键。将引流过来的流量通过活动或者优惠券保证存量的同时拉升增量，最后进入爆发期。如果是二类电商，就加大广告投入；如果是网店，就烧直通车。到了这一步，销量基本上都不会太差，但要注意做好客户留存，方便二次转化，可以极大降低运营成本。

没有哪个爆款可以永远是爆款，因此一旦出现爆款，就应重点打造私域流量，这样才能实现业务的稳步增长。当然，任何方法都没有百分百的成功率，虽然爆款产品有规律可循，但不是所有的产品都有打造成爆款的潜力。我们在选择销售作为副业的时候，既要选对产品，也要懂得运营。

爱好变副业，玩和赚钱两不误

把爱好和副业结合起来，做到玩和赚钱两不误，是最理想的状态。在今天互联网世界极度发达的时代，要把爱好变成副业，并以此赚钱，其实一点儿也不难，难就难在是不是真的敢想敢做。

在我们一般的认知里，所谓的爱好，大概是指唱歌、跳舞这些。这确实是很多人的爱好，也确实能够赚到钱。典型的如抖音的“代古拉 k”，因为爱好跳舞，靠着一段不到一分钟的舞蹈视频迅速在网上吸引大批粉丝。如今，仅在抖音一个平台就拥有两千多万粉丝，广告一项收入就能让她赚得盆满钵满。

因为短视频的兴起，这两年靠着爱好发家致富的人越来越多。无论是爱好表演、书法，还是摄影，只要心有所爱，行有所长，都能在这股浪潮中占有一席之地，在视频红利的时代分一杯羹。

但是有人要问了，我虽然喜欢唱歌，但是五音不全，虽然喜欢跳舞，但手脚僵硬，如何才能在众多大神中杀出一条血路，为人所知呢？其实，爱好的定义很广泛，不仅是这些传统的才艺展示可以变现，一些偏门小众的领域同样能找到观众。

《兴趣变现》这本书中提到了这么一个例子。一个乐队指挥家十分喜欢吃辣椒，一天他突发奇想：假如让乐团在吃辣椒的情况下演奏，将是一个什么样的场面？想象乐手一边被辣得面红耳赤，一边还要专心于音乐演奏，一定十分有趣。换作是你，你想不想看？没错，大家都很想见识这么有趣的场面。于是，他们就靠着“吃辣椒演奏”火了。

这算不算是一个偏门的爱好变现？其实只要开动脑筋，进行发散性思维，就能发现自己身上其实拥有无限可供挖掘的潜力。如果思维受阻，打开抖音，各种搞怪幽默视频，马上就能给我们一堆启发。

换句话说，只要你真的喜欢唱歌，哪怕五音不全，同样有机会靠唱歌获得一波不小的关注。其做法就是反其道而行之，专唱五音不全的歌曲。典型的如抖音的“樊小仙仙”，她的每个调子都是不准的，但正因如此，才形成她独特的视频风格，拥有大批的粉丝。能把一首歌全部唱跑调，你说她不懂音乐我是不信的，但这至少给我们提供一个思路，那就是爱好变现千万条，一条不行换一条。

在短视频席卷全国的时代，只要你的视频有足够的看点，就不愁找不到变现的渠道。因此，我们首先要思考的是如何把爱好中最独特的一面展示出来。

以唱歌举例。抖音上确实有很多唱歌非常厉害的博主，他们各有特色，或酷炫或甜美，或唱功了得，或能巧用场景，但同样爱好唱歌的我们却一个都不沾，这时候该怎么办？既然无法在技巧上取胜，能不能从趣味性上下手，如跑调唱法、歌词改编？

抖音每年都会诞生大量的爆款神曲，除了成名歌手的作品外，也不乏音乐博主改编后的曲子，这些曲子经过博主的歌词改编，突然产生化腐朽为神奇的效果，传播度之高丝毫不亚于流行歌曲。

如果能持续输出内容，百万粉丝不是梦。

谈到改编，可以进一步思考我们还能做点什么？之前不是有人将四大名著的主题曲改成英文版，获得不小的热度吗？如果将抖音流行的现象级外文歌曲翻译成中文传唱，会不会也获得同样的成功呢？事实上，这个点子已经有博主在执行了，效果确实不错。

那么，还有什么有趣的做法可以和唱歌这个爱好相契合？比如，同一首歌分成流行唱法、美声唱法和沙雕唱法？又如，一人分饰多角，每个角色唱一个声部，最后剪到一起，形成一个人就是一支乐团的效果？

只要我们肯思考，打开思维，任何爱好都大有可为。歌唱得比别人差，舞跳得比别人差不是借口，只要敢想敢做，爱好变副业，兴趣成事业，只是一念之间的事情。

如今，只要有流量，就不愁变现。换句话说，有流量就有了钱。我们在考虑将爱好转化为副业时，最关键的就是思考如何让自己的内容有看点，变现渠道则是非常多的。

首先，最简单粗暴的就是广告变现。无论是公众号、头条号这类图文平台，还是抖音、快手这类视频平台，只要能吸引一定规模的粉丝，哪怕足不出户，都会有广告商找上门来谈合作。广告费的多少既可以取决于粉丝量，也可以取决于单篇的阅读量，又或者靠软文、视频植入议价。不论怎样，内容好不好，粉丝多不多，这两项是关键因素，它决定了你在和广告商议价的过程中占据多大的主动性。因此，努力提高内容质量，做好粉丝维护是重中之重。

其次，是课程培训。唱歌的博主可以开班教唱歌，摄影的博主可以开班讲摄影。这和我们提到的技能、经验有共通之处，其本质是为需要的人提供价值。能把自己的爱好变成事业，也影响更多的人喜欢上这个事物，想必也是人生一大乐事。

最后，就是卖货。无论是抖音的小店橱窗，还是小红书的推荐功能，又或者知乎的商品链接，现在各大平台几乎都为支持原创作者开通了商品变现功能。这两年火热的直播带货，无论是消费者带来的利润，还是商家给的佣金、坑位费，都是一笔不菲的收入。

独家信息，依然值钱

如今依然是信息社会，信息遍及社会的每个角落，联系着资本、技术和经验，也联系着每个人。在农业社会和工业社会，物质和能源是最主要的资源；在信息社会，物质和能源退居二线，信息一跃成为最重要的资源。信息对于每个人的重要性不言而喻。我们做的每个决定，都有相应的信息做指导，手中掌握的信息越多，做出的决定就越合理、越正确。比如，你想在淘宝上买一件衣服，一定会查找多家网店，比较各家衣服的面料、做工、款式、价格、优惠、售后等信息，掌握了足够多的信息后做出的决策，远比对信息一无所知就出手更为合理。因此，信息指导着我们的行动和决策，掌握信息就是掌握了主动权。

有很多信息本身就很宝贵，带有价值，如个人身份、学历、银行账户流水信息等。每年都不乏狗仔从偷拍明星隐私、打造搜索热点中牟取暴利的例子，也不断有诈骗团伙盗用账户、银行卡进行诈骗、套现和洗钱的案件。这都说明信息的宝贵，但都不具备副业可操作性。真正值得纳入副业考虑范围的，是利用信息差创造巨大价值。

尽管信息对我们来说如此重要，但面对纷繁复杂的信息海洋，限于时间和精力，我们很有可能并不掌握所需的充分信息。所以，在我们的社会中，信息不对称的现象普遍存在。人和人掌握的信息不尽对等，有的多，有的少；有的十分重要，有的无足轻重；有的是独家信息，有的是一般信息。于是，人们彼此间掌握的信息就有差异，即存在信息差。信息差蕴含着巨大的商业价值，它也是我们做副业时值得考虑的突破口。

通俗地说，信息差的本质分为三种：一是资源差，你有的东西别人没有，就可以拿这东西去销售，乃至形成垄断；二是能力差，你会的东西别人不会，就可以把这种能力当作赚钱的工具；三是认知差，你懂的东西别人不懂，就可以担当产品顾问这类的角色。总而言之，信息差的价值就是利用信息分布的不对等、信息传递的延迟性，形成信息资源高低位的差异，并让信息资源由高向低流动创造价值。

具体到操作层面，一定要善于利用信息不对称带来的信息资源高位的优势。那些有价值而大多数人不知道的信息，就是有利可图的。中国电信营业厅举办过一次活动，用户只要成功绑定电信营业厅的微信公众号，就可以免费领取 1G 的流量。由于中国电信没有对这个活动进行大规模宣传，很多人不知道。那些知道这个活动的人，有些就开始利用这个信息差来赚钱。他们在留言板、直播间和微信朋友圈打出广告说，只要 20 元就可充 1G 流量。很多人觉得 20 元很划算，于是纷纷前去咨询购买。短短一个月，有人利用这个信息差赚了 4 万元。这个项目几乎没有成本，4 万元纯粹是利润。善于利用信息不对称的人，能精准把握用户需求，善于利用信息差距，将信息鸿沟变现成商业价值。

有人可能会说，像这样的信息差，具有太多的偶然性，不可能天天都有。而且，现在网络发达，这样的信息差越来越少。事实上，无论网络再怎么发达，信息鸿沟总是存在的。因为总信息量呈几何增长，人们搜索信息的总时间不变，所以信息差会越来越多。关键是你要对信息差具有相当的敏感性，对客户需求有相当的敏感性。比如，有人在了解了用户希望购买更低价格的电影票后，就开始在网络上寻找便宜货源。淘宝上有很多十几元就出售电影票的，他们与淘宝商家洽谈合作代理，就能以极低的价格从淘宝拿货，然后在朋友圈以 20 元或 25 元的价格出售。要是一个月的销量足够多，其收入也非常可观。

再如，许多人喜欢追剧，或需要某文库的文档，但是为了区区一部电影或电视剧，或仅为一篇文档就要花钱充会员，会让人无比纠结。这时，如果你买一堆这样的会员账号，然后以一天几元钱的便宜价格出租，岂不是解决了很多人的痛点？

电商牛人蒋晖说过：一个人注意到阿里巴巴上有不少一件代发的商品，他做了一款软件，把一件代发的产品全部提取出来，并把这个软件称为一件代发资源工具。这个工具一套卖几千块，一年能卖上万套。当问到客户为什么不到阿里巴巴一件代发时，回答是：不知道阿里巴巴有一件代发。这就是信息差的巨大价值，掌握我知但别人不知的信息，能够创造巨大的收益。

诸多例子表明，独家信息能够使你占据信息资源高位，创造巨大的经济价值。那么，如何获取独家信息呢？其实也是有规律可循的。

一是抢占时间，利用好时间信息差。某平台有什么活动，某行业有什么趋势，第一时间跟进比后来者赚得多。先到者吃肉，后到者喝汤，最后到的人什么都捞不着。如果你想做大生意，就要找到那些今天还不显眼、未来能够成长的生意，在市场还小时就快速进入。当新的产业形态出现时，往往不受重视，第一拨吃螃蟹的人往往能够实现暴利。

二是着眼渠道，利用好平台信息差。同一件商品，在实体店和网店买就可能不是一个价，这个地方与另一个地方的价格也可能差异很大。中国明代江南地区的很多商人，就是利用木材、丝绸等商品价格的地域差异赚得盆满钵满。

三是多浏览一些能透漏独家信息的网站，如百度上的各种羊毛网，每天会更新免费试用、优惠活动、免费参加领取奖品等的信息。还有一些外卖 App 的优惠券，各大视频平台的会员充值，一些图文网站的会员充值，都是可操作的地方。

认识的人多，也可以赚钱

靠手艺吃饭，靠产品吃饭，这些大家应很好理解，但是有没有想过，认识的人多了也可以靠此吃饭。当然，这不是指每天到朋友家去蹭饭，一顿一个，只要认识的人足够多，一年的饭钱都不用自己出。这里说的靠认识的人吃饭，是货真价实地凭本事吃饭。

有这样一个故事。一个小伙子一天突发奇想，找到比尔·盖茨，表示想娶他的女儿。比尔·盖茨看着这个不知天高地厚的年轻人，婉言谢绝道："我女儿还不想结婚呢。""可是，我是世界银行的副行长。"小伙子表示。

"那我再考虑考虑吧。"比尔·盖茨说。几天后，小伙子找到世界银行的行长，表示自己想当银行的副行长。同样，行长拒绝了他。但他又说："可是，我是比尔·盖茨的女婿哦。"行长犹豫了。最终，小伙子同时当上了比尔·盖茨的女婿和世界银行的副行长。

这个故事当然是虚构的，但他要表达的意思很明显，那就是只要脑子足够灵活，就能发现巨大的机遇。同时，从这个故事中也能看出来，要让这样的机遇实现，靠的是人脉。如果这个小伙子整天朝九晚五，局限在自己的小圈子，不结交更多的人，别说世界银行行长了，很可能连当地的小银行行长都见不到。

这样空手套白狼的例子在商业史上有很多，典型的就是牟其中的罐头换飞机。

1989 年，牟其中因为公务踏上从重庆前往北京的旅途。火车上，他结交了一个特别能侃的人。正好牟其中也对国际大事很有兴趣，两人便聊了起来。谈话中，牟其中了解到，正濒临崩溃的苏联在考虑卖飞机，以此缓解危机，只是苦于迟迟找不到买家。

要是一般人听完也就过去了，谁会把火车上的侃大山当真呢？再说牟其中就是再有钱，也买不了飞机。但是牟其中不这么想，他敏锐地意识到，这很可能是一个机会，虽然希望渺茫，但还是想试试。

到了北京后，他就到处打听，看是否有人想要买飞机。当时有不少朋友听完他的叙述，都认为牟其中疯了。飞机属于战略物资，要买也是国家去买，老百姓怎么可能有那个钱呢？不过牟其中没有放弃。最终，他从一个朋友口中了解到，刚成立不久的四川航空因为飞机不足，正在四处求购飞机。

得到这个消息后，牟其中连夜托人找到四川航空负责人，展示自己口才卓绝的一面。四川航空也不含糊，直言表示，只要牟其中能够弄来飞机，有多少他们收多少。现在买家找到了，下一个要解决的问题就是怎么对接上苏联。这个问题虽然不好处理，但对于交友广泛的牟其中来说，也不算是个难题。只不过，拿什么换回苏联的飞机有点头疼。牟其中虽然有钱，但不至于富到拿出现金到苏联买飞机的地步。

考虑到东欧剧变，整个苏联处于崩溃的边缘，国内经济一落千丈，老百姓连正常的生活用品都买不到。牟其中经过多方谈判，拉了500节车皮的罐头和生活用品，去苏联换回了飞机，这既解决了苏联的燃眉之急，还帮了四川航空一个大忙。他本人，经过一买一卖，凭空赚了一亿元，堪称中国商业史上的一大神话。

这里，牟其中扮演的是中介的角色。其实，只要认识的人越多，能够赚钱的机会就越多，关键看你够不够细心，敢不敢想，能不能把身边的人对接起来。只要能完美地解决他们的问题，作为促成这一大好局面的中间人，你的好处自然不会少。

小张的父母都是企业高管，作为富二代的他自然少不了各种社交应酬，也借此认识了不少人。他大二那年，得知一个叔叔因为生意破产，想把手里的一套北京四合院卖出套现，标价一亿两千万元，作为企业周转资金。对于叔叔的困境，小张十分尽心，很快就从自己的社交圈中找到意向者。经过几个月的撮合，最终促成这笔交易，他的报酬是1%的交易款。就这样，年纪轻轻的他就实现了财富自由。虽然以他的家境来说，有没有这笔钱差别不大。

有人觉得虽然认识的人多可以赚钱，但这样的赚钱方式运气成分太大，根本没办法持久，投入大把的时间和精力并不划算。其实，要把资源发展壮大，并做成事业也不是没有可能。

李金是浙江北部一个世代以打鱼为生的家庭的孩子。因为村里小孩很多，再加上耳濡目染，李金从小就练就了待人接物的高情商。上了大学后，他活跃于各大社团、学生会的外联部门。因为工作，他和学校周边的各大商家长期保持来往，也十分熟悉学校内每个社团的联系人。因此，每当社团需要活动赞助时，李金都能很好地帮他们找到合适的商家。对于学生的社团活动，这些商家为了店里销量，也乐意出钱。久而久之，当社团和商家需要合作的时候，首先想到的就是李金，经由他牵线搭桥的活动效果都非常不错。

大学毕业后，李金的影响力并没有消失，但他的野心不止于此。他拉了大学时代几个要好的朋友，趁着国内互联网之风越刮越盛，索性做了个 App，专门对接国内外各种有需求的大小企业。如今，他们的 App 付费会员数量已经超过千万，李金也从渔民蜕变成了当地小有名气的企业家。

从事副业，不仅要脑子灵活，敢想敢做，更要懂得扩大社交圈子。俗话说，“多一个朋友多一条路”，把自己锁在屋里闭门造车是不行的。认识的朋友多了，说不定什么时候我们就能从中发现机遇，完成副业到事业的转变。

第③章 不可不防的“副业陷阱”

虽然说可以发展的副业很多，只要找对方法，沉下心来踏踏实实做事，假以时日，一定能有所成就，但在副业路上难免出现一些陷阱。不是所有的副业都具有挖掘的价值，那些会对主业造成伤害、高投入低产出的，大家一定要三思而后行。更有些副业，挂着“躺赚月入过万”的诱人标题，吸引你入坑，到头来人财两空，白白花了时间、精力，还赔进大量金钱。本章主要介绍需要避免的陷阱，让你从事副业时少走弯路。

对主业造成伤害的副业不可取

如今，副业似乎已成为一种流行趋势。无论是出于兴趣，还是为了增加收入，副业都是一个不错的选择。然而，选取副业不可盲目，并非每种副业都适合自己，都值得尝试。我们应该以审慎的眼光考察自身条件，选择与主业形成协同效应的副业去投入，至少不能让副业与主业发生矛盾。那些对主业形成伤害的副业绝对不可取。

要想避开对主业形成伤害的副业，首先应该明白，副业能对主业形成什么样的伤害。这个问题的答案归根结底落在人的身上。人与副业、主业均形成特定的关系。若人与副业的关系影响到人与主业关系的正常进行，可以说副业对主业产生了伤害。大体上说，副业可能对主业形成以下几种伤害。

一是时间伤害。人的时间是有限的，应将有限的时间合理地分配给主业和副业。主业为主，副业为副，时间分配上也是如此。副业直接占用主业的时间，是为反客为主，不利于主业的正常进行，到头来得不偿失。

炒股是大家都熟知的一种创收方式，但是它有一个问题，就是占用的时间非常多。而且，股市开市、闭市和工作时间基本是重合的。一旦决心通过炒股增加收入，且不说需要花大量的时间学习经济、金融领域的知识，每天盯着 K 线图起伏就让很多人受不了。很多沉迷炒股的股民每天一大早就跑去交易所等待开门，一待就是一整天。那些有主业的股民，也没几分钟就要上网看一下走势图，防止错过买卖的时机。炒股炒到魔怔，生活中看个红灯都能兴奋得不行。可是投入大把的时间和金钱，到头来不仅钱没赚到，还因分身乏术把主业弄丢了，那真的是本末倒置、主次不分了。

二是精力伤害。主业不仅需要保证绝对充裕的时间投入，也需要充沛的精力投入。在精力分配上，副业不宜与主业过于争抢。《弟子规》中说：“首孝悌，次谨信。泛爱众，而亲仁。有余力，则学文。”就是将“孝悌”当作主业，完成主业后有剩余的精力，则学习文章。可见，古人早就懂得不可让副业过多占用主业精力的道理。所以，如果主业已够耗时费神，仍强行选择需要投入大量精力的副业，显然只会将主业、副业都拖垮，是不明智的。

如今，很多人把运营网店作为副业，这确实是个不错的选择，但一定要做好精力分配。众所周知，开网店非常耗费精力。网店的包装、维护，商品的上架、销售，事情繁杂。尤其是售后工作，要面对消费者各种需求和问题，很容易使人疲惫。身体上的疲惫已经让人不堪，精神上的疲惫则更为可怕。一旦陷入无穷的琐事消耗，产生心理倦怠、消极情绪，不用说做主业，就连好好地生活都成为问题。因此，在把运营网店作为副业前，一定要充分考虑到这些细节，保证自己的精力没有过度消耗在这上面。

三是性质伤害。有些副业是与主业相冲突的。比如，有些人以销售饮料为主业，而以推销某品牌保健品为副业；从事主业时大力鼓励人们购买自家的饮料，下班后又为了推广保健品而宣称饮料有害。有些人以做可口的外卖为主业，但副业又号召人们拒绝外卖，自己做饭。这就构成自相矛盾的境况，久而久之，难免造成分裂。无论对主业还是副业来讲，最终都会造成双输的局面。所以，选择副业之前，要认真考虑副业的理念、精神、承载的价值观是否与主业矛盾，销售方向是否有害于主业。

四是风险伤害。有些副业的高投入、高回报看似很诱人，但应该注意这种副业往往伴随着高风险。一定程度的风险是可以接受的，但若风险很大，足以累及主业，就要慎重考虑了。比特币爆火后，区块链概念紧跟着成为潮流，一时间市场上涌现出无数家虚拟货币交易平台，江湖上传唱着一个个暴富传说。然而，绝大多数人入场前对区块链技术一无所知，10 个进场有 9 个要被别人割韭菜。大部分的虚拟货币交易动辄几千上万，来回几次，一年的收入就打了水漂。

实际上，保证主业的安全性是为了应对副业的风险。假如副业失败，由于有主业的兜底，损失尚不至于动摇根本。因此，那些风险大到无法保证主业安全性和稳定性的副业，是不可取的。

了解了副业可能对主业形成的伤害后，选择副业时，我们就能有的放矢，用以下维度考察副业：副业性质是否与主业冲突？副业是否会占据过多的时间和精力？副业的风险是否过大？由此避开那些不可取的副业。

那么，可取的副业有什么特点呢？不投入，想不劳而获是不可能的；错误投入，伤及主业也是不可取的。我们需要的是既稳又搏，损失要有限，收益要可观。为此，寻找副业时，不妨采取杠铃策略。

杠铃策略是针对事物的不对称性采取的一种应对方式。杠铃是形象的喻体，用以描述在某些领域采取保守策略，而在其他领域承担很小风险的双重态度，目的是在不确定性中获益。具体到副业选择上，就是要在主业上采取保守策略，在副业上承担很多小的、可控的风险，达到主、副业双丰收的目的。杠铃策略的两头，一边是稳，另一边是搏；一边是有限的损失，另一边是巨大的利益。

一些例子可以证明杠铃策略的有效性。比如，如果你有一份朝九晚五的稳定工作，又有做主播的兴趣和条件，可以利用晚上和假期当主播，分享网友感兴趣的事情，主、副业都可以给你带来颇丰的收入。再如，许多公司鼓励员工在不懈努力做好主业的同时，积极拓展新业务，力求突破业务单一化，保持业务持续发展。这也是杠铃策略在起作用。

总之，要牢记，对主业形成伤害的副业不可取。我们要充分利用所长，因人制宜地合理选择副业，才能实现主、副业的良性发展。

跟风硬上，小心成为“接盘侠”

在大家寻找副业机会的过程中，一定见过形形色色的人，讲着天花乱坠的财富传奇，信誓旦旦地保证只要跟着他们操作，年入百万不是梦。大家碰到这样“百年难得一遇的暴富机遇”时，一定要三思而后行，因为对方很可能把你当成韭菜，希望你接盘。

前两年，李笑来出了一本新书叫《论韭菜的自我修养》，重点讨论了现在社会的热点“韭菜”话题。书中详细讨论了如何分辨一个项目是不是陷阱，如何避免成为别人的韭菜和跟风接盘那些已经被榨干的项目。

就传统的接盘风险而言，最常见的就是炒股。2015 年，股市一片欣欣向荣，一大批媒体鼓吹新一轮的牛市即将到来。随后确实如此，股市曲线强势上行，大量资本涌入，整个股市到处充斥着疯狂的、非理性的追高氛围。这时候，很多原本不接触股票的普通人看到一片飘红的股市行情，纷纷摩拳擦掌想进场捞一把。殊不知，灾难已经悄然临近。

果然，当大多数人加足杠杆站到山峰时，才发现山脚下已经没有多少人了。意识到风险的大资本开始为自己准备后路，而那些对股市一无所知、只想进场捞快钱的人则成为他人收割的韭菜，赔了夫人又折兵。

谈到炒股，生活中还有很多类似的专坑局外人的项目。庄家通过对手中项目的包装，营造出繁荣的假象，然后放出消息，宣称有大量的人通过这些项目日赚斗金。等到大量的散客入场，自己套现出手，留下一地鸡毛。

2019 年有一个很奇怪的现象：“炒鞋”。按理说，鞋子只是一种消费品，和衣服、帽子一样，属于私人的日常生活用品。偏偏有人将其包装炒作，打造成可以增值变现的赚钱机器，吸引了不少人跟风接盘。

“炒鞋”的主要对象是那些限量款的名牌球鞋。因为发行数量有限，一大批球迷疯抢，整个市场供不应求。这种现象被一些有心人看上，他们购入大量的鞋子，随后囤货居奇，不断地炒高鞋价。某潮流单品交易平台的数据显示，到当年 5 月的时候，很多鞋子的成交价和发售价相比，涨幅均在 100% 以上，个别球鞋的涨幅甚至近 500%。

从这个数据来看，“炒鞋”比炒股好赚多了。股票再怎么涨，每天涨停板也就 10%，“炒鞋”几天内就可以价格翻倍。那段时间，如果你在寻找副业赚钱的机会，很容易能碰到一些宣称有限量“AJ”球鞋货源的人。他们会在发售价 150%~200% 的区间内批发给你，并向你保证几个月内鞋价必然翻倍。

如果是买一两双自己穿倒也无妨，但如果真指望靠这个赚一笔外快，就要做好被坑的心理准备。且不说这些鞋贩子兜售的鞋子是不是正品，就算是正品，一旦市场回归理性，你手中的鞋子能不能按照发售价出手还是一个未知数，赔钱是一个大概率事件。无论怎样，鞋贩子已经赚到了。

事实上，到年末的时候，已有上千款的鞋子价格下跌，虽然还有 700 多款的鞋子保持上涨势头，但涨幅仅有 20%，和 5 月份的疯狂不可同日而语。那些入手了大量球鞋、指望靠此发家致富的人，此时要么赔本销售，要么继续把鞋子囤在仓库里，幻想有涨价的那一天。

非理性的炒作很容易导致市场过热，吸引大量局外人入场。大多数人的命运就是接盘，能成功赚到钱的寥寥无几。因此，假如你打算进入一个火热的领域增加创收，首先要问自己“我是这个领域的专家吗？”如果你对即将进入的领域一无所知，仅仅因为几个财富传奇、创业导师就觉得自己也能从中分一杯羹，还是再谨慎考虑一番为好。

有些自称“创业导师”的人会安慰你，“没有经验不要紧，我们带着你，只要按照我们的方法执行，小白也能月入过万”。听着很诱人，其实是一个很大的坑。没有人会把独家的赚钱秘籍传授给你，只不过是想收培训费罢了。否则，仅仅为了 99 元或者 999 元，就给自己培养一大批竞争对手，显然是不值得的。

最近两年，随着图文热度的渐渐冷却，短视频迎来爆发期，以抖音最为火爆。去年被封杀的“温婉”，仅仅用一条地下停车场跳舞的视频就吸粉千万。这让很多人形成一种错觉，似乎短视频时代真的那么赚钱。随便录几条小视频就能引来大量人群围观，自己坐等广告费收钱就可以了。

正因如此，很多人开始尝试入场抖音。但是问题很快就来了，自己的视频要么没人看，要么吸引不到粉丝。更让人沮丧的是，自己辛辛苦苦剪辑的视频有时还会被系统删除。这究竟是为什么？

如果你尝试靠搜索引擎寻找这些问题的答案，马上能够找到数以千计的培训机构。他们都有一个共同点，那就是承诺“手把手教你抖音赚钱的秘密”。收费也是五花八门，从几块钱到几千块钱，甚至上万元的也有。

如果你信了，交了学费，从某种程度上说，这也是一种接盘的表现。倒不是说短视频已经没有未来，而是说抖音培训本质上和“炒鞋”是一样的，都是通过营造虚假繁荣，让你确信可以轻松赚钱，等你交了学费按照他们的方法操作后会发现，其实根本没什么用。

如果你参加的抖音培训课程足够多，就会发现所有课程讲的其实类似，都是养号定位那套。这些东西有一定的道理，但不足以决定账号的成败。无论是图文还是视频，核心一定是内容。如果没有办法从内容上找到突破口，学再多的技巧也无济于事，只能白白花了时间和培训费用，啥也捞不到。

换句话说，假如这个操作可以让小白轻松成功，培训机构为什么不全力做账号，而要出来做培训呢？对于大部分的赚钱培训，如抖音、头条等自媒体，又或者是淘宝客、返利网等项目，本质上是培训者为了榨干手中项目的最后一点价值而故意营造出来的赚钱假象。以为能赚钱，入场后才发现接了一个人家不要的盘子。

投资小、不费劲儿、回报高、没风险，这种副业要小心

当你在搜索引擎里输入副业或者赚钱等关键词的时候，一定能看到很多以“轻松躺赚”“日入过千”为标题的文章。这些文章往往会先讲述一段诱人的故事，告诉你主人公赚钱的方法有多么不可思议，不仅投资小，还没什么风险，关键是有挂机式的高回报。很多人一看到这里，一拍大腿，“没错，这就是我想要的副业！”

于是，有人顺着文章末尾的联系方式，加上了作者的微信，心中暗自窃喜，朝九晚五的打工生活终于要到头了。快醒醒吧，这样天上掉馅饼的好事怎么可能呢，还是老老实实做事、踏踏实实做人吧。

其实，用基础的逻辑思维想想就能知道，风险和收益并存，要想有所收获，必然要有所付出。因此，高收益的项目必然伴随高风险，低风险还要高收益，必然是高门槛的项目。想要项目集齐投资小、不费力、高回报、低风险四个特点，99.9% 的概率可以确定这是一个骗局，剩下的 0.1% 可能是因为你在做梦。

虽然这种项目仅看特点就能看出很不可靠，但因其完美地贴合人性的弱点，至今依然活跃在各大网络论坛，源源不断地有人上当受骗。

2020 年春，一场突如其来的疫情让所有人猝不及防。大量企业受其影响，轻则裁员缩编，重则倒闭破产。小赵原是一家公司的财务，因为疫情下岗了。虽然手中还有点存款，但是在这样的形势下，未来会怎样谁也不敢保证，因此，他急切地需要找到新的经济来源。

就在他为如何创收苦苦思索时，一条朋友圈消息引起他的注意。那是一个关于比特币的投资项目，朋友圈晒出巨额的投资回报。考虑到自己是财务出身，对金融多少有点了解，再加上这几年比特币大火，如果能趁着疫情居家研究一番，说不定是个机会。

抱着试一试的态度，小赵仔细地向对方询问了投资细节。简单地介绍之后，对方发了一条链接给他，说这就是投资比特币的平台链接，可以下载安装了解一下。随后，对方还发过来一个 QQ 号码，称这是投资领域专业的数据分析师，可以为小赵提供帮助，手把手教会他如何稳赚不赔地投资操作。

经过一番交谈，小赵觉得有利可图，便决定投资。他根据对方的指导注册了账号，充值了两万块钱。随后，他被这位数据分析师拉进一个 QQ 群，群内主要分享各种趋势数据分析，指导大家何时买进、何时抛出等。很多学员在群内分享自己的实时收益，从几千块钱到几万块钱不等。

看到大家赚钱如此轻松，小赵很兴奋，觉得自己终于要熬出头了。可是根据数据分析师指导操作的第一天，他就亏掉了一半的本金。不过，分析师告诉他，刚开始有点亏损很正常，毕竟任何赚钱技巧的成功率都不是百分之百，只要长久地坚持下去，赚钱就是必然的事情。

抱着将信将疑的态度，小赵又充值了一万块钱。随后，按照数据分析师的指导操作，没过两天，他的账户余额就达到 15 万元之多！看着这一连串的数字，小赵心里乐开了花。恰好老家房子需要装修，他就想把钱取出来用一下。

问题来了，想要提现需要先缴纳一万块钱保证金。数据分析师告诉他不要紧，保证金 24 小时就可以退还，充值进去第二天便可以连同账户余额一共 16 万元取出来。满心期待的小赵等到第二天，可是他的提现申请却被系统驳回了。他急忙联系客服，客服反映他的账号异常，需要缴纳账户余额的 30% 作为保证金才可提现成功。

到了这一步，小赵越想越不对劲，思索良久才意识到自己被骗了。可是已经太晚，虽然报了警，但能不能把钱追回依然是未知数。

其实，近年来和比特币相关的投资骗局很多，他们大多打着区块链新概念的幌子，把项目包装成高收益，引诱老百姓入坑。有些项目虽然不需要投钱，但是依然套路满满。

比如“区块链挖矿机”项目，宣称一部手机就能做，下载他们的挖矿软件，每天保持开机状态，账号就会自动挖矿，后期挖到的虚拟币均可正常交易。可以说，这样的项目是真正的零投资、不费力、没风险、高收益。

但是只要你下载软件挖矿就会发现，挖矿速度慢到令人发指。按照正常速度，你的手机 24 小时保持开机不间断挖矿，一个月挖到的虚拟币也不够买一包烟。这时候怎么办？可以多部手机同时操作，成倍地提升挖矿速度。但是买新手机很贵啊。这时候，挖矿导师就会出来告诉你，他们有专门的挖矿手机，这种手机拥有多开模式。也就是说，你在普通手机上只能安装一个微信，而他们的这款手机能装十个，一部顶十部，堪称赚钱的发动机、暴富的加速器。这种手机卖得也不贵，一部6999元，包邮到家。

这时候你买不买？要么花大价钱买几十部新手机，要么简单省事地从他们这下单买挖矿手机。其实，这些手机的成本很低，所谓的多开模式不过是个噱头。只要开了模拟器，一台电脑也能多开，买手机就上当了。

因此，当我们在网上寻找副业的机会时，看到“挂机躺赚”“零投入低风险”这些字眼，就可以直接跳过不看。其实，如何规避这类副业骗局很简单，牢记一个基本原则就行：有多大能耐，赚多少钱财；德不配位，必有灾殃。认清自己，寻找合适的副业渠道，才是人间正道。

可能有法律风险的“肥差”

低门槛、高收益的副业极有可能是骗局。如果一份兼职不仅没有技术要求，还能够给予极高的报酬，事后确实支付了佣金，这份兼职大概率就是违法犯罪的勾当。

2018 年，拥有博士学位、在河南一家企业担任高级工程师的刘欣为了提升发展空间，在各大招聘平台投放了简历。一个星期后，他收到一封来自国外的邮件。对方在邮件中称，自己看过刘欣的简历，表示很欣赏，希望可以进一步沟通合作。

在邮件中，对方提到他们公司是一家专注于创投和研析的机构，主要合作对象是各领域的专家、学者。因为机构分析需要掌握大量的专业信息，恰好刘欣读博期间的主攻方向是人工智能，和他们正在分析的项目十分贴合，因此两人一拍即合。刘欣接下了这份很有“钱途”的工作。

随着双方合作的逐渐深入，对方索要的专业信息越来越多。比如，刘欣所在单位合作电厂的具体情况、所在城市核电站的建设与运行情况，甚至要求刘欣提供该核电站抗打击能力的数据。

2019 年年初，对方再次发来一份重要任务，就在双方准备交易时，对方被当地公安部门一举抓获。原来，对方是一股境外势力组织，索要信息的真实目的是对我国进行渗透与颠覆。刘欣的行为被定性为为境外刺探、非法提供情报罪，判处有期徒刑 9 个月，剥夺政治权利一年。这个污点将永远留在刘欣的档案中。原本想靠副业拓宽发展空间，没想到最终却断送了自己的未来，得不偿失。

应该说，这些年来，公安部门抓获的间谍分子实属不少，不少人根本没有意识到自己出卖了国家，踏上了违法犯罪的道路。有些“军工爱好者”甚至在被抓获的时候还在喊冤，自己只是因为爱好拍拍照片，怎么就违法犯罪了。

其实，不仅是境外渗透的间谍性行为，就在我们国内，也常有“高薪快递员”的活儿。他们通常利用高薪吸引应聘者，但对于快递内容一概不提，甚至连面都不见，所有的指挥操作全部在网络上完成。这些神秘的快递包裹往往是毒品，一旦被拦截查出，等待快递员的只有牢狱之灾。

所谓事出反常必有妖。当你遇到一个远高于市场均价的差事时，首先要做的不是庆幸自己的运气，而是思考这样的差事可能带有哪些风险。对方可能告诉你，他们向你索要信息只是为了撰写文章，出版杂志；让你送货只是因为自己公务繁忙，包裹重要，必须专人护送。事实真的是这样吗？碰到这样的肥差，我们不得不多留一个心眼儿，确保万无一失。法律问题，马虎不得。

除了这些来自他人的外部诱惑外，还有一些我们打算自主尝试的副业，同样具有法律风险。

刘某和吕某是一对大学生情侣，两人均就读于杭州某本科院校。恋爱两年，他们商议搬出大学宿舍，在校外租房子，过起了同居生活。同居期间，他们经常一起浏览一些“刺激网站”，也会录制一些"小视频"。后来，男生吕某因为眼红微博上那些靠露骨照片赚取广告费的做法，便和刘某商量，也拍摄一些图片或者视频赚点生活费，补贴租房开支。

刚开始，他们只是通过微博、推特发布一些自制的图片、视频，靠着网友给的"投食费"补贴家用。后来，他们通过微信或者 QQ 联系这些客户，制作了一张价目表，大有要靠此发家致富的意思。

2019 年 6 月大学毕业后，吕某在某知名互联网公司实习了一段时间。也许是靠拍视频赚钱太过容易，他没有珍惜这个来之不易的工作机会，仅仅半年便辞职回家，和刘某一起专职做起这见不得光的生意。

2020 年 4 月，两人被公安机关逮捕，依法提起公诉。根据警方调查，从 2018 年 5 月到 2020 年 4 月短短两年时间，两名大学生靠这项非法项目获利 50 多万元，不仅买了车，还付了买房的首付款。然而，天网恢恢疏而不漏，正值青春年华的他们面临的是 10 年以上的有期徒刑。

在网上售卖小视频，传播色情制品，应该是大家心知肚明的非法项目。如果还执意投身其中，只能说是知法犯法，咎由自取。不过，虽然对这些明显的法律风险大家能洁身自好，但是对于一些灰色产业，如果不擦亮双眼，仍有可能遗憾终生。

这些年来，我国逐渐重视版权问题。很多原本活跃于各大电影论坛的大片种子、下载链接慢慢被平台所限制。那些靠贩卖电影资源、电子书资源，或者其他版权素材的朋友，如果不尽早收手，最终等来的怕也是让自己抱憾的法院传票。

除此之外，那些活跃于各个平台，以创业导师、灰产大师自居的人，手中的大多数项目也具有极高的法律风险，如前几年流行的“呼死你”“网络站街”等。指望靠几百元、几千元钱的入会费学到导师的创业手段，靠着导师教导的几个项目日赚斗金，实现财富自由，最好还是打消念头，先买本刑法仔细研读，避免铁窗之泪。

从事副业本是为了改善生活，拓宽发展道路，千万不要本末倒置，让自己后悔不迭。

哪些兼职一定不能做

网络世界林林总总，各种妖魔鬼怪混迹其中。我们寻找副业的时候，难免要接触各种兼职信息，其大多真真假假，普通人难以分辨。如果一不小心入了兼职骗子的道，极有可能人财两空，付出时间和精力，不仅没赚到钱，还要损失不少。因此，对于各类兼职信息，我们一定要擦亮双眼，千万要慎重。

第一类，需要垫资或者交钱的。典型的如淘宝刷单。虽然刷单行为十分普遍，但是一般的网店商家会有固定的刷单人员。在刷单量不高的情况下，通常会让亲戚朋友来做；如果需要大量刷单，一般会专门打包给工作室机刷单。因此，如果有大量招聘刷单兼职的信息，基本就可以直接跳过了。他们骗的是你刷单垫付的商品费。

小赵是刚上大学不久的新生，家里条件较差。为了给家里减轻负担，她通过网络查找，加入一个大学生刷单兼职群。群主承诺，每次刷单给 8 块钱。佣金确认收货好评后，还会额外给 7 块钱的“好评费”。如此一来，一天只要刷四单，每个月就能挣将近两千块钱，基本上可以支付自己的大学生活费。

抱着将信将疑的态度，小赵刷了两单，一共支付了 150 块钱。群主告诉她，为了防止淘宝的反刷单机制，需要在两天后才能确认收货。小赵照做了，第三天果然收到群主给她转账的 180 元。确认可信后，小赵决定放开手脚。那一天，她刷了五单，一共 1200 元。因为群主告诉她，商品的价格越高，刷单的佣金也会越高。

然而，当她确认收货后，群主却给她发了一个截图，显示订单异常，交易失败。原来是因为上一回刷单被淘宝检测出来，小赵的本次交易被冻结，需要缴纳 1000 元的保证金才可以申请解冻。为了尽快顺利交易，小赵按照他们的指示又转账了 1000 元。转账成功后，对方表示正在申请解冻，需要 7 个工作日才能给出结果。可是小赵已经把本月的生活费全投进去了，怎么可能等那么久。如果需要加急的话，需要再缴纳 300 元。此时她意识到不对劲，可是已经太晚了。小赵质问对方是不是骗子，但没聊几句，对方就拉黑了她的账号。

这类兼职骗局通常是给一个合情合理的佣金，看起来人畜无害。但是做这类兼职，要么需要自己垫资，要么需要支付“入会费”。一旦有人上钩，骗子便以各种名义拖欠佣金，巧立名目让你支付更多的钱财，直到你无法继续支付或者意识到这是骗局后便将你拉黑删除。

第二类是需要大量拉人头的兼职。这类兼职以各种返利软件为代表，前几年非常火爆。他们打着“自用省钱，邀请赚钱”的名义吸引你入坑。假如你指望靠这个发大财，那就是痴人说梦。不是说这是一个骗局，而是要实现“赚大钱”这个目标有着极高的门槛。这个门槛在加入之前没有人会告诉你。

比如某象，它的模式和传销类似。理论上可以靠几何倍增的方式迅速扩大下线规模，无论是你的下线网购，还是你下线的下线网购，你都能从中获取分红。一旦你的下线规模足够庞大，就能够实现真正的“躺赚”。听起来很美好，但到了实践层面，就会发现困难重重。因为这类项目最核心的要素就是邀请到足够的下线。邀请行为本身是一个获取流量的过程，获取流量之后还需要建立下线社群进行运营，保证团队的裂变增长。只有同步做到引流、运营等步骤，才有可能真的从中赚到钱。这是一件非常专业的事，绝对没有宣传中描述的那么容易。能够同时做好这几点的人，已经算得上副业小有成就的人了。对广大新人来说，这只不过是一次交学费的经历，而且在拉人头的过程中还很容易对个人的品牌形象造成不良影响，得不偿失。

第三类是那些承诺高薪却毫无技术含量的兼职。比如，2015年、2016年泛滥的打字员工作，2018年、2019年所谓的抖音点赞员工作。这些都属于老生常谈，需要警惕的是那些不仅高薪低门槛，还带有一定合理性的兼职，如刷广告赚钱。

我们知道，很多流量主的收入来源就是广告，流量主要么是大平台要么是内容创作者。运营平台和内容创作都是耗时耗力的活，为什么不跳过这一步骤直接将广告呈现给读者，并从广告收入中抽出一部分给读者呢？

这看起来是双赢的策略，也确实有人这么干，做出专门刷广告的小程序和App。但是这类App要么收入低得令人发指，要么就根本无法体现。可能你刷了一上午的广告只能拿到几毛钱的收益。那些承诺高薪的App普遍会设置高提现门槛，所有的佣金都是账面上的，如果你想提现，可以，但必须满1000元才可以；等你好不容易刷到1000元了，它再提示你只有邀请30名好友才可以提现；如果你做到了，就再告诉你需要充值VIP才可以立即提现，永无止境。账户上诱人的佣金永远是挂在驴面前的那根萝卜，看得到吃不到，直到你最后醒悟放弃为止。

寻找兼职虽然容易踩坑，但只要记住“三不做”，就能规避很多风险：高收益、低门槛的不做；拉人头赚钱的不做；需要交钱垫资的不做。其实，只要我们用逻辑思维想一下这些兼职，就能发现许多漏洞，怕就怕贪心不足，被诱惑蒙蔽双眼。

不能形成复利的副业要慎重

副业的选择颇有学问，不仅对主业形成伤害的不可取，不可形成复利的副业也要慎重。“复利的副业”简称“复业”。也就是说，复业就是可以形成复利之业。一般的副业，能带来多少收入可以一眼望尽，基本上不会随着时间的推移而变化。复业不同，它有着巨大的潜力，能够随着时间的增加带来越来越多的收益。一般的副业，如做滴滴司机、在肯德基做兼职、发传单、当保姆等，其天花板效应很明显；复业能够突破天花板效应，具备很强的发展性，能够形成时间复利，未来为你带来持续的复利效应。

复业不仅在效益上是可持续发展的，对于人生也有大的裨益。人与人之所以有着差距，正是在于下班后的业余时间。你将时间用于做什么事，决定着你会变成什么样的人。把时间白白挥霍于酒局饭桌固然可悲，能够毅然将刷抖音、逛淘宝的时间用来发展副业固然值得敬佩，但如果只埋首于收益固定的一般性副业，多年后再回首，发现自己并没有长进，似乎只是原地踏步，岂不也令人遗憾？只有将发展副业与发展自我相结合，时间的流逝才更有意义。

“十点读书”创始人林少走的就是复业的路子。起初，林少只是一个小小的公司职员，他虽有写文章的才华，却没有用武之地。微信公众号兴起后，林少每天固定在晚上写公众号原创文章，尝试以此为副业。他的坚持换来了粉丝的关注。了解了读者的需求和痛点后，林少写起文章来越发得心应手，“十点读书”越来越有名气。如今，林少成立了十点文化传播有限公司，将“十点读书”打造成覆盖图文、音频、视频、图书、社群的读书分享自媒体矩阵，多次获得超过千万的 A 轮融资，公司估值已近 4 亿元。可见，如果能将副业与优势技能发展相结合，形成可持续发展的时间复利，就可以创造越来越大的人生价值。

一般性的副业，大多是劳力和时间导向型的；能形成复利的副业，必然是知识和技能、资源和人脉导向型的。投入劳力，消耗时间，毫无门槛可言，不会给人带来知识的增加和技能的发展，也就不会使人的价值有所提升，还会因长期从事重复性、低技术附加值的工作，固化人的发展，桎梏人的思维。更有甚者，思维不常用则迟钝，脑力不使用则退化，不学习新知识，不发展技能，人就会落后于社会，被排斥在社会发展节奏之外。人生如逆水行舟，不进则退，唯有不断进取才能激发人生活力。因此，复业不仅仅只是一项工作，更是自我发展、自我提升、自我赋能的重要途径。一般性副业所能给人的，无非固定的薪酬和时间的消耗；形成复利的副业能给人带来的不仅仅是收入，还有技能、资源、人脉等，赋予人更大的价值，不只表现在收益上，更体现出人的自我发展、自我实现的重大需求。一般性副业只是在给人生做加法，复业却可以给人生做乘法，更有可能拓宽人生大道，增加人生厚度，使人迈向更高端的成功。

有些明星选择副业的例子可以给我们许多启示。当演员或歌手已经是不错的职业，但有些明星，如蔡依林和林志颖，都在积极发展副业。蔡依林在唱歌之余，对制作翻糖蛋糕很感兴趣。她拜英国蛋白糖霜大师 Eddie Spence 为师，认认真真地学习。她所做的翻糖蛋糕越来越好，造型生动逼真，不仅广受欢迎，自创的玛丽莲·梦露蛋糕更是拿下国际蛋糕比赛金奖，她被誉为翻糖蛋糕皇后。林志颖在拍摄影视剧之外，不仅是一名优秀的赛车手，拥有车队，拿过冠军，还开过摄影公司、科技公司，投资过网购事业、环保建材。这些副业的发展给他带来了巨额盈利。能将兴趣爱好与副业相结合，让副业发展充实人生，是一件无比有成就感的事。所以，如果为未来考虑，为更有价值、更丰富的人生着想，选择复业才是更明智的选择。

那么，如何选择副业呢？副业有什么特点呢？

首先，要强调一点，就是能形成复利的副业，是知识和技能导向的。复业不是那种投入简单的劳力和时间就能一成不变的事情，必然是能让你掌握的知识派上用场、优势技能有所发挥的副业，并随着时间推移能够不断增加你的知识、强化你的技能，由此形成正向的良性循环。一个设计师在工作过程中发现，策划师的不少工作与自己的工作有重合的地方。慢慢地，他掌握了做策划的方法，就开始做策划这项副业。原本做设计积累下来的知识和技能让他轻车熟路，他越做越好，主业、副业都取得了巨大成功。有了知识和技能，不断更新，就可以保值，让自己永不过时。只有基于知识和技能的复业才能可持续发展，在未来持续带来复利。

其次，能形成复利的副业需要积累、坚持、耐心。复业不像一般的副业那样，干一份活儿就能马上得一份钱。复业要想取得效益需要一个过程。即使像“十点读书”创始人林少，他的成功也需要时间的积淀。复业前期钱少甚至没有，一旦到了变现阶段，就会随着时间积累越来越值钱，效益像雪球一样滚滚而来。所以，如果你只想快速得到收入，可以做副业；但如果想放长线钓大鱼，对于不能形成复利的副业就要慎重，复业才是恰当的选择。

透支人脉的副业，只会让路越走越窄

人脉对于个人发展的重要性，怎么说都不为过。我们从事副业的过程中，难免和形形色色的人打交道。在这些人中，创业初期能够给予我们最大支持和帮助的就是亲戚朋友。可以说，亲戚朋友就是我们的“种子人脉”。但是，有些人的副业做着做着，就会发现亲戚朋友离自己越来越远，甚至老死不相往来。

2016 年秋，刚刚生完二胎的罗女士赋闲在家。看着丈夫每日为这个家忙前忙后，辛苦奔波，自己因生育迟迟无法工作，性格要强的她一直觉得十分愧对丈夫。尽管她一直跟丈夫表示自己想出门找份工作，却一直遭到丈夫的反对，理由是她刚刚生育，既要好好养身体，孩子也需要她照顾。

看着丈夫如此疼惜自己，罗女士心中感动，但一直没有放弃为家庭分担的想法。一天，她刷朋友圈的时候，偶然看到一个减肥产品的微商广告。看朋友圈中分享的图片，似乎这个产品确实火爆，既有明星背书，又有消费者的口碑，关键是利润高，朋友的生活过得有声有色。

她好奇之下咨询了对方。虽然收入诱人，但考虑到网上关于微商骗局的消息满天飞，罗女士还是留了心眼，没有答应对方升级代理的建议。不过，对方十分和善，告诉罗女士如果不放心的话，能不能帮她一个忙，在朋友圈和小红书上宣传一下产品。本来就是举手之劳，罗女士愉快地答应了。

没想到消息发出去的两天后，小红书上就有人加了她的微信，详细地询问她的减肥茶怎么卖，并一次性购买了2000块钱的产品。这让罗女士又惊又喜。看着人家的产品如此热销，她心动难耐，咨询了对方升级代理的条件。

对方对于罗女士的加入想法表示欢迎，并大方地说，只要罗女士愿意，自己可以把这个2000块钱的订单送给她，就当作给新伙伴的见面礼。看着团队这么热情贴心，罗女士二话不说就要升级。但因订单较大，要承接这个订单必须升级市级代理，也就是说需要从对方那里一次性买下40盒产品，一共6000元。

虽然数额不小，但考虑到产品好卖，只要多来几次2000块钱的单子，很快就能回本。抱着这样的想法，罗女士升级了市级代理，家里也多了一大堆减肥产品。在对方的指导下，罗女士每天早、中、晚各发一次朋友圈，也拉了不少微信群聊，向亲戚朋友宣传减肥茶的好处。

经过半个月的努力，罗女士的销售额虽然不高，但也零零星星有人买，虽然大多是她的亲戚朋友。不过罗女士相信，坚持就是胜利。为了扩大销售额，在对方的介绍下，罗女士又加了几个做燕窝和面膜生意的人的微信，拿到好几个产品的代理。

看着家里堆积如山的产品，罗女士意气风发，觉得自己正在逐渐走上人生巅峰。代理群里不断传来同行的好消息，微商姐妹的朋友圈也都是豪车游艇，爱马仕、香奈儿随便买。这些都给了罗女士巨大的信心。虽然有朋友提醒她照顾好孩子就可以了，没必要这么折腾，但罗女士却回敬道：“靠老公只是公主，靠自己才是女王。”

见罗女士油盐不进，再加上她的朋友圈确实烦人，很多朋友开始屏蔽她。不过罗女士对此不以为然，她现在有些看不起身边那些过家庭主妇生活的闺密，转而向微商口中的“独立女性”进发。不过，越来越差的销量却是她不容忽视的。这时候，她听说只要升级成省级代理，就可以免费参加公司创始人开办的“总裁培训班”，帮助她迅速出单，回本赚钱。

在微商姐妹的建议下，她又掏出几万块钱升级了代理，飞赴省城。从那以后，她跟随微商团队到处旅游，参加各种聚会，积累了大量的“人脉”。钱花出去不少，但是销量仍不见增长。不过罗女士倒不担心，因为她对目前的生活很满意，倒是身边这帮指指点点的亲戚朋友一点本事没有，还不断地企图阻止自己的成功之路。

最终，她的丈夫也发现不对劲了。半年下来，家里的财务凭空消失十几万，全被妻子拿去“创业”了。为此，夫妻俩大吵一架。在团队伙伴的劝说下，罗女士坚信丈夫就是看不得自己比他成功，都说独立的女性最美丽。经过一番思索，她毅然决然地跟丈夫提出离婚。

其实，明理人都清楚，一旦罗女士跟丈夫离婚，积压的货品又卖不出去，断了收入来源，所谓的创业朋友很快就会抛弃她，但她仍然沉浸在发家致富的幻梦中无法自拔。

其实，这样的事例近年来非常多，很多想依靠副业赚钱的小伙伴一不留神就会掉到坑里。这种副业真的能积攒人脉吗？那些聚会、旅游结交的朋友真的会成为创业的助力、财富的来源吗？显然不可能。相反，那些她看不上的亲戚朋友才是最有价值的人脉，因为她每一单产品的收入都是靠这些朋友的支持得来的，她最初的“大单”不过是人家做局引她上套罢了。

副业离不开人脉，但人脉不是可以任意挥霍的，一旦使用不当，就会直接影响副业之路。透支人脉，只会让自己的路越走越窄，直到走进死胡同。

从事副业的过程中，如果在对产品还不了解的情况下就盲目地推荐给亲戚朋友，一旦出现意外，你们之间关系的伤害将是永久性的。信任的建立、人脉的维护需要长年累月的努力，毁掉它，却只需一次任性。

在朋友圈胡乱推销商品、不断发骚扰链接给朋友，一两次可能朋友不会计较，如果走火入魔，长久以往，必然使自己的人脉逐渐消亡，得不偿失。因此，从事副业的朋友在动用人脉这个“创业神器”时，一定要慎之又慎，切莫透支。

第④章

副业的本质——“销售自我”

副业究其根本，就是分析自身的爱好、特长、资源等，结合当下机遇，为自己创造更多的可能性。因此，做副业最重要的是学会自我销售。如何把自己的技能、资源变现？如何让别人愿意为此付费？该以什么样的价格让别人付费？这些都是副业创业之初应该想通的问题。

信誉第一

这是一个满是吹嘘的时代。无数的“创业导师”在各大平台分享成功经历，动不动就是“月入十万”“挂机躺赚”。他们吸引了大批的流量，挥动着手中的镰刀，割了一茬又一茬的韭菜。应该说，能靠忽悠赚到钱的人是有一定能耐的，但靠忽悠永远无法把副业做大，变成事业。

在这样的时代，真诚、信誉显得弥足珍贵。副业的本质是销售自我，靠坑蒙拐骗只能打一枪换一地，无法积累，随着岁月流逝，总有失手的一天。但只要足够真诚，把个人做成信誉第一的坚实 IP，时间越久，累积的人气便会越多，影响力更大，能为他人提供的价值也越多，自然能为自己带来足够的财富。

“狼来了”的故事相信大家耳熟能详，综观国内市场，大量的企业把“信誉第一，服务至上”作为立身根本。它不仅仅是企业发展壮大的必备条件，更是关键时刻的救命稻草。

江苏沙钢集团是国内最大的民营钢铁企业。冶铁炼钢的工厂都是重资产类型的，原料、运输、生产等环节涉及大量资金，一旦哪个环节的资金链出了问题，整个生产线都要受到影响。如果不能及时补上资金缺口，轻则利益受损，重则企业倒闭。

然而，从成立至今四十几年，沙钢集团没有拖欠过银行一分贷款。2017 年，沙钢集团通过一项决议，决定上马一项 200 万吨的热卷板项目。因为任务急、投资大，沙钢集团的现金流无法支出足够的资金。这时候，集团总裁沈文荣一个签名，就从银行贷款 16 亿元，为沙钢成功找到足够的资金，上马了这个规模宏大的项目。

试想，假如沙钢集团在此前的金融业务中有过拖欠贷款的行为，当它需要巨额资金时，还能如此顺利地借到这笔贷款吗？机遇稍纵即逝，哪怕银行愿意放款，经过一系列的信用评估，黄花菜都凉了。虽然信誉无法带来直观的业务增长，但对事业发展来说，其重要性依然不言而喻。

对于大企业是如此，对于从事副业的人同样别无二致。如今，微商满天飞，今日喜提玛莎拉蒂，明天全款购入二环大二居。就是这样的“成功人士”“人生赢家”，推销的居然是三无产品，实在难以让人信任。那么，我们在发展副业的过程中，该如何运营自己的信誉，打消客户的猜疑，促进订单的成交呢？

可以从四个方面入手。

首先，讲究说话艺术。这是副业刚刚开始，自己还没有拿得出手的成绩，为了构建交易信任而采取的方法。比如，你是某款产品的代理，据你所知，这款产品刚刚上市，全中国的代理不超过十个，而广东省就你一个人在做。那么，当客户询问时，为了让自己显得更加值得信任，肯定不能说“这款产品刚出，市场上还没什么人卖”，这样不仅仅会让自己显得不靠谱，更会让客户觉得新产品还没经过市场检验，是否值得信任很成问题。

这时候，如果你能换一种说法阐述这个事实，效果就会好很多。“这款产品是最新研制的，目前我是咱们广东省的独家代理”，这既说明了产品新出、代理人少的实际情况，也抬高了产品价值，更让自己有值得被信任的头衔，可谓一举多得。与此类似，可能你只是有一个空壳的注册公司，但也可以说自己是这家公司的CEO、总经理等，反正公司是你的，封个什么职位都可以。

这么做和欺骗有着本质区别，这严格来说是说话的艺术。同一个事实，用不同的方式说出来，就能产生截然不同的效果。我们这么做是为了增加信任，减少不必要的猜疑成本。只要卖的不是假冒伪劣产品，对信誉并无损害，反而能在长久的运营中增加自己的影响力。

其次，多接触。这里指的主要是线下接触，当然线上会议也可以。人际交往中有这么一种说法：最快建立自己守信形象的办法，就是跟朋友借钱，放口袋里几天后原样返回，如此反复几次，守信的形象就建立起来了。

放到副业中也是如此。我们可以约客户线下沟通，事先做好一些约定或者承诺，到时候如约履行，甚至还带些小惊喜。如此反复几次，我们和客户之间既多了了解，诚实守信的形象也建立起来了。

再次，懂积累。开发新客户的同时，也不能忘记维护老客户。要知道，累积到后面，每个老客户都会成为你个人 IP 的宣传口，其能量远远大于个人的努力。老客户才是长久发展的基本盘。只要维护住这个基本盘，个人业绩的影响力将是指数级上升的，越到后面，道路越发平坦广阔。

最后，价格稳定。很多人为了促进成交，往往会给予很大的让利，价格一压再压。虽然这么做可以在短期内成交，但从长远来看，却是对个人品牌的伤害。因为当客户摸清了你的价格底线后，要么等降价再成交，要么一上来就大砍一刀，最终都会让你无利可图。

之前拼多多百亿补贴特斯拉，在网站上买车居然比特斯拉门店便宜好几万元。本来这是一件好事，消费者得到实惠，特斯拉也卖出了车。但特斯拉不干了，因为这意味着它对自身产品失去了定价权。一旦拼多多的行为得到推广，它将彻底居于幕后，市场价格和它再无关系，这对它来说是不可接受的。

价格稳定才能让客户觉得消费得值，如果波动太大，难免让人觉得自己当了冤大头，原本低价能买到的产品或服务却花了大价钱。一旦客户产生这种心理，对你的信任也就消失了，想要重建，便是难上加难。

让别人记住你

这是一个快节奏的时代，即便有无数人在倡导“慢生活”，依然改变不了人们的生活节奏越来越快的事实。在这样效率至上的背景下，时间成了每个人最宝贵的财富。我们每天都要接触形形色色的人，浏览大量的信息。不过，大部分只是我们生命中的匆匆过客，能给我们留下的印象少之又少。毕竟人的时间和精力是有限的，我们能记住的大多是和自己切身相关的人和事。

对于做副业的人而言，无论是卖产品还是做内容，要想实现发展，就必然要扩展自身的影响力。最关键的一点就是，让别人记住你。创业圈的人都在喊着“流量为王”，有多少人关注你，就意味着你有多少流量，能收获多少财富。因此，如何给别人留下深刻的印象，得到他人的持续关注，就成为每个做副业的人的必修课。

必修课内容之一，就是追求卓越。人是天生慕强的，无论是做产品还是内容，把好质量关，用心做作品，才能真正得到消费者的青睐，累积口碑。

有人说，只要我的价格足够低廉，就能够吸引消费者。这句话在某些时候是适用的。但假如指望价格战在残酷的竞争中胜出，最终的结果就是无利可图，黯然退场。那些山寨的手机价格够不够低？拼多多商城一搜，一两百块钱的智能机到处都是。什么小辣椒、vivi、oppa，各种品牌五花八门，但是哪一家最终在手机界占据一席之地了？一个都没有，经过惨烈的厮杀，vivi 倒下了，ivvi 又站了出来，ivvi 没了，市场上又看到了 viipoo，周而复始。

这些手机厂商根本不在乎手机的质量，只要能正常开关机、打电话，其他的都不重要，只要做得足够便宜就可以了。因此，当我们提到手机的时候，这些品牌永远不会出现在脑海里。iPhone、华为等企业几乎成为智能手机的代名词。它们的手机很便宜吗？并没有。相反，在高端手机市场中，苹果和华为占据绝大部分的份额。

它们能有如此的成就，就是在质量上有极致的追求。苹果可以为了一个手机边框圆角的弧度开十几次讨论会，为了用户体验花大把的精力和金钱打造封闭的生态，连用户根本看不到的手机内部都要仔细打磨设计，确保每个细节完美。这样才成就它当上行业的领头羊。

人们能够记住的，只有行业里的第一。第一个登月的人要被写进历史书，第二个，第三个，谁在乎呢？因此，要想让别人记住你，就必须做到最好。如果是做产品的，就把产品的体验、功能打磨到极致。如果是做内容的，就要拿出诚意，用最好的故事打动观众，给观众带来价值。

只有这样，才能真正得到别人关注，在行业里占据一席之地。当然，有些人为了博得关注毫无下限，各种哗众取宠的手段层出不穷。这虽然能博得一时关注，但犹如饮鸩止渴，最终伤害的是自己。

这是必修课内容之二，好口碑。很多做自媒体的人根本不在乎自己输出的内容是真是假，只要能吸引流量，什么内容都可以。在他们眼中，所谓的追求卓越就是追求流量。只要能把一个账号做到百万粉丝，不管这个账号多么颠倒黑白，都是卓越的。

殊不知，没有社会责任感的内容，前期博得多少关注，后期就会带来多大的反噬。“咪蒙”，对很多自媒体人来说，这是一个如雷贯耳的名字。在巅峰时期，这个公众号堪称国内自媒体一姐，它说第二，没人敢称第一。然而，这个账号最终在流量第一的道路上越走越远，煽动民众情绪，塑造对立，最终以被腾讯封杀收场。抖音时代的“温婉”，同样是一个典型的例子。没有口碑的关注，不过就是沙滩上盖房，随时会让所有努力付诸东流。

因此，有志于副业的朋友在自我营销的过程中，如果博得的都是差口碑的关注，最终结果不会比跳梁小丑好到哪里去。

有了高质量和好口碑，就应该保持高曝光。以前我们常说“酒香不怕巷子深”，现在这个时代讲究流量。要想让别人记住你，高曝光更不可少。连企业和艺人都不断地砸钱投广告，买热搜以保持自身的关注度，我们要想让别人记住，更不能忽略这一点。

当然，这不是让我们花钱做广告，而是在自我营销的过程中，频繁地在行业内的各种社交场合露脸。比如，在行业的聚会中演讲、分享，或者组织聚会等。对于线上平台，也可频繁地输出有价值的观点，甚至把它们结集成册，找个出版社刊印出书。诸如此类的行为，都能大大地加强自身的曝光度。在公众场合露脸多了，自然能被人记住。

如果这时候你还有高质量的产品或者作品，拥有良好的口碑，何愁他人记不住。别人不仅要记住你，还会自发地宣传，为你带来更多的流量。

好人设：脱颖而出的法宝

副业的本质就是自我销售。很多时候，人们选择你的产品或服务，其实是为你这个人“买账”。因此，副业要想成功，很大程度上取决于自我营销的成功。要想打造成功的自我营销，首先应打造好自己的名片——一个好的人设。

现代社会信息庞杂、交流频繁，快节奏运转的社会使人们慢不下来，所以那种想要别人花时间深入了解自己的做法已不合时宜。虽说日久见人心，但前提是你的名片能让别人有为你花时间的兴趣。现代社会需要的是更高效快捷、直截了当的方式，所以需要打造凸显人物辨识度、能让别人快速认知和接受你的人设。对副业来说，不管是销售产品还是提供服务，最重要的是让客户在最短的时间内认识你，形成认同。为什么人们一提到疾恶如仇、战天斗地就能想到孙悟空，一提到“我命由我不由天”的倔强顽强就会想到哪吒，就是因为特征鲜明的人设能给形象带来持久魅力。有个求职者面试做自我介绍时说：“我就是我，有棱有角，我是个多面体的人。”“多面体”一词，生动形象，一下子让面试官记住了。其实，精妙的人设不仅能让自我表达、自我销售事半功倍，还能对事业成功起到点石成金的神奇作用。

吴京的故事就能说明这一点。功夫演员吴京其实出道很早，1995年就开始演电影。早年的他虽然演过不少功夫片，也积攒了一些名气，但是他的事业始终差点火候。同样是功夫演员，李连杰的飘逸，成龙的诙谐，甄子丹的硬气，都已形成清晰的人设，与各种经典角色一起牢牢占据观众的认知。直到参演《战狼》，吴京才终于找到适合自己的人设，那就是“军人”“爱国”。之后的《战狼2》，便以鲜明的爱国情怀触动国人的心，刷新中国电影史票房纪录。是什么让吴京一战成名？是爱国人设。一个好的人设，足以助你与竞争者拉开距离，脱颖而出，开启成功之门。

如今，用“人设社会”来形容一点也不为过。大到成功的企业，小到网络上粉丝成群的网红，无不对自己有着清晰的定位，标榜自己的人设。明星群体自不必说，试看微博和抖音上的大V，那些运营得很成功的自媒体博主，其发布的内容无不带着鲜明的标签。有的是“游戏大神”，有的是“健身达人”，有的是“时尚博主”，有的是“犀利毒舌”……无论是哪种类别，运营得很成功的自媒体都有一个共同点，那就是找准突破口，专攻某一领域，树立自己的人设，不断地吸引粉丝的关注和认同。我们要想在当今社会发展成功的副业，自然要遵照这一规律，用好人设这一法宝。好的人设一旦形成，就能迅速占领市场，形成话语权，让自己的形象和产品与某一社会公众形象密不可分，成功就离你不远了。

打造人设难不难呢？其实并不难，关键是要做到以下几点。

一是认识你自己。人设是人物的综合特征，包括造型、性格、爱好、特长等，有时也可细化到血型、生日这样的细节。设定人设时，自己的特长、性格、外在形象、人物分类、兴趣、职业都是要考虑的。尤其是特长，只有在自己擅长的领域耕耘，成功才更有可能。而且，要找到自己最擅长、想法最多的那个，切忌贪多嚼不烂。我们不一定都要追求最红、最火的，一定要找到最适合自己的。适合自己，自己又感兴趣，比较擅长，才能激发出强大的能量，把诸多想法付诸实践。

二是掌握市场动向。所谓“知己知彼，百战不殆”，我们不仅要了解自己，还要了解别人。实际上，人设的最终形成是靠人们在了解你的所作所为后，脑补你是什么样，你就有什么样的人设。因此，要了解我们在客户头脑中形成了什么印象，下一步是扭转或顺应这一印象。合理的做法是，一边打造个人 IP，一边根据市场微调。我有我的特长和兴趣，客户也有客户的需求和痛点，要互相靠近，达到合适的平衡点。若只是单方面的拉扯，无论是只顾自己所长，还是只顾客户需求，都只会让自己陷入捉襟见肘的境地。这好比唱歌，一方面要认清自己会唱的，另一方面要了解人们爱听、想听的。重合的领域，就是可以发力的地方。

三是注重细节，全方位打造品牌。所说的细节，指的是实际操作中的细节。品牌的打造是立体的，即使小到宣传册上的广告语，也要体现出人设的意义。如今，互联网已经十分普遍，要善于运用互联网在视频编辑、音乐选用、背景制作方面与人设形成呼应。比如，使用切合人设 IP 的背景音乐，如轻音乐、蓝调、乡村等，还可打造固定的视觉形象，如专属LOGO和水印、真人形象、萌宠形象等。除此之外，语言形式和情绪特征也应固定。如果你有自己的语言风格，如方言和播音腔，就可一贯使用，成为自我风格的一部分、向外展示人设的窗口。如果你有独特而又受欢迎的情绪特征，也不妨形成一贯的风格，如犀利毒舌风或咆哮法。这种一贯风格的形成，可以使受众在记忆你的时候多一些着力点。在人们的头脑中，你的形象不再是扁平化的，而是立体、丰富、有血有肉的，就等于是成功推销了自己。

严要求：持续升值的秘诀

要想生产出高质量的产品，必须有严格的生产要求。同样，在自我营销过程中，自己就是产品，而且是可以不断升值的产品。要想让自己赚到更多的钱，就必须提出更高的要求。可以说，严要求就是高质量的保证。

在严要求方面，军队治军的方法可以说是个典型。第二次世界大战时，美军在北非战场被“沙漠之狐”隆美尔打得丢盔弃甲，狼狈不堪，在很长一段时间只能挨打。为了扭转战局，巴顿将军临危受命，奔赴前线指挥作战。到了前线看到一线士兵的日常生活，巴顿将军就知道问题出在哪里。当时的北非前线，士兵懒散不堪，虽有纪律，但都熟视无睹，根本没人在乎军纪。

因此，巴顿将军到北非后的第一件事就是整顿军纪。他规定，每个士兵必须在早上 7 点半前到达食堂吃早餐，哪怕迟到一秒，都不会有饭吃。此外，他对士兵的日常着装、行为习惯也提出具体且严格的要求。不管是什么人，只要触犯军法，一律严肃处理，绝不姑息。按理说，仪容仪表是军人最低标准的要求，但当时的美军连最低标准都做不到。因此，巴顿将军到达后首先就是严要求。

一番雷厉风行之后，士兵的精神面貌果然好了很多，战斗力得到很大的提升，为后来盟军在北非取得胜利奠定了基础。

如此做法在中国的历史上屡见不鲜，典型的如孙武点兵。当时，孙武因为一本《孙子兵法》被各地诸侯王所欣赏。在伍子胥的极力推荐下，孙武面见了吴王阖闾。吴王表示自己已经看过他的兵书十三篇，十分赞同里面的说法，问孙武能不能当场练兵，让他开开眼界。当时吴王交给孙武的不是士兵，而是宫里的妃子。如果能把一群锦衣玉食的女人练成兵将合一的军队，就说明孙武确实治军有方。

孙武也不含糊，接过指挥权就开始练兵。他将军纪详细地跟妃子们讲了一遍，然后开始训练。可是这群妃子哪里知道军队应该是什么样子的，都当这是一场游戏，嘻嘻哈哈地想着给吴王表演一下就完了。因此，练兵一开始，整个队伍东倒西歪，完全不听指挥。孙武重申了一遍纪律，但大家依然像没听到一般自顾自地玩耍，完全不在乎孙武。这时候，孙武抓住一个典型，军法处置，当即砍下她的人头。虽然是爱妃，但是吴王主动提出的练兵，也不好说什么。一番杀鸡儆猴后，这群妃子果然老实了，操练下来，居然形成初步的战斗力。

很多学校在标榜自己的军事化管理，其潜台词就是对学生的严格要求。有句话说得好，“对自己狠的人，都活得很精彩”。所谓的“对自己狠”，其实就是严格要求自己。副业即创业，商场如战场。不对自己下狠心，不能严格要求自己，在这场惨烈的竞争中，只能是炮灰，成为别人攀登财富巅峰的垫脚石。

李彤高考结束后，顺利地进入心目中理想的大学。老师在高考前告诉她，“只要高中辛苦一点，熬过了高考，你们想怎么样就怎么样”。因此，高考结束，成功拿到理想大学的录取通知书后，她就开始放飞自我。大学四年，她几乎没有认真听过一节专业课，因为据她所说，自己的专业没有什么“钱景”，听了也是白听。所有的时间，她都在美妆、游戏中度过。反正期末考试突击一下也能及格，何必花心思追求并没有用的高分呢？

就这样，她混过了大学四年。虽然成功拿到毕业证，但是她这种毫无要求、得过且过的状态已经形成习惯。靠着大学毕业证的光环加持，她进入一家待遇还可以的互联网企业。原以为企业和大学一样，只要混一混，无论怎样都能过关，但是她错了。她所在的是一家知识付费型企业，对于生产的内容有着严格的要求。无论是标点符号、片头片尾，乃至和外包合作伙伴的沟通方式，都有明确而严格的规定。这对于习惯了混日子的李彤来说非常别扭。很快，她就因为没按公司要求上传图片被一名摄影师告了侵权，给公司造成巨大的损失，她连试用期都没有过就被公司辞退。她觉得，不就是一张图片，何必这么较真？百度搜出来跟去别的网站搜出来的有什么区别，不都能用吗？

现实情况就是，她对自己的要求太低了，导致她的产品大都粗制滥造，甚至有侵权的风险。很多东西只是看上去一样，实质上却有天壤之别。比如同一款产品，包装完全一样，高端大气上档次，但功能上却一个天上、一个地下。可能短期内消费者会被外表蒙骗，但要想生意做得长久，质量把控方面绝对不能马虎。一旦对自己的要求下降，质量马上跟着下降。

既然决定做副业，就做出点名堂来。严格要求自己不仅是对客户负责，更是对自己负责。

给自己“定价”：贬低或高估都是“过”

明白了副业方向，做好了铺垫，准备大干一场，走上人生巅峰时，我们碰到的第一个问题就是定价。如果是销售产品还好说，可以和市场上的同类产品相比较，得出彼此都能接受的价格。假如你的副业是设计、敲代码，问题就来了，该给自己定一个什么样的价格合适呢?

对于设计师这类自由度高、工作内容高度定制化的职业而言，怎么收费，不同设计师有不同的标准。这不仅和自己的能力相关，客户是否好沟通、服务是不是够细致等因素也都会影响到最终的定价。如果定价低了，做起来就不划算，但要是定价高了，最终效果客户不满意，又容易产生纠纷，影响后续合作。

因此，如何确定最合适的定价，就成为副业人必须掌握的学问。这里向大家简要介绍三种可供参考的定价模式，帮助大家在创业初期给自己的第一单生意定一个双方都满意的价格。

第一个定价模式是时薪式。比如你是一名设计师，在工作之余接一些私活作为副业。针对不同的设计任务，你按照需要花费多少小时来收费。那么，每小时收费多少呢？这里有一个简单的计算公式：时薪 = 月工资 /（上班天数 × 每天工作时长）。

假如你的每月工资是 8000 元，周末双休，每天工作 8 小时，你的时薪就是 8000 ÷（22 × 8）≈ 45 元。当你接到一个设计任务时，可以凭借以往的设计经验，大概估计完成这份工作需要多长时间，然后按小时收费。当然，时薪不是死的，45 元也只是一个参考值，实际接单的时候，还可根据客户的可靠程度、任务的难易程度调整报价。

时薪式的最大好处就是它的灵活性。当你接到一个设计任务，完成样稿后，客户临时增加工作量希望能对样稿上色，或者对画面内容进行扩充，这时你就可以根据样稿的时薪费率继续工作，十分方便。

当然，不是所有的任务都适合时薪制。因为有些客户的需求模糊不清，尤其是在细节方面。对于设计师而言，细节打磨往往比整体调色花费更多的时间。如果客户无法精确描述自己的需求，这个时间区间就很难界定。一个项目下来，可能要花费 5000 元，也可能要花费 5 万元。这对一些有限定预算的客户来说，是无法接受的。

除此之外，时薪制还有一个明显的缺点，就是它的天花板是一定的。刚开始做副业的朋友可能很容易体会到时薪不断上升的喜悦，但随着自己业务逐渐熟练，经验逐渐丰富，时薪的上涨将会越来越慢，并最终稳定在一个区间内。通常来说，客户对于付费的时薪，心理预期是 300~500 元，虽然行业不同略有差异，但基本上相差不多。如果时薪超过 500 元，接单将十分困难。这时如果还希望继续提高收入，就需要采用其他的定价方式。

第二个定价模式是打包式，就是按照项目定价，每接到一个特定的任务，经过评估，给出一个确定的报价。至于你花多少小时完成这个任务，对于最终的定价没有影响。它相当于客户用买断的价格，买到一个结果。

以程序员为例。如果客户想给自己的企业做一个 App，如果按照时薪式收费，那就是买你的时间，你花多少小时敲代码，就付给你多少钱；如果按照打包式收费，那就是一开始商量好，做这样一个 App 需要多少钱，定好价钱后，你花多少小时完成这个任务都不影响价格。

一般来说，打包价更适合经验丰富的老手。因为业务熟练，花费时间会更少，相对的时薪费率就更高。但是打包价有一个问题，因为每个项目会随时间变化而变化，尤其是 App，可能开始时商量好开发 10 个功能，但随着市场变化，客户不断更改需求，最终扩展到 20 个功能。如果一开始打包固定价格，随着功能的增加，你付出的时间也会增加，相对的时薪费率就会下降，权益也就受到损害。

为了减少此类事件的发生，打包式定价开始时，就应该和客户确定好任务的每个细节，给出可以接受的修改范围。当客户的修改需求超出这个范围，可以加收费用。不过，这么做虽然保证了权益，但如果任务比较复杂，需要确定的细节就会非常多，同样会花费大量的时间。

第三个定价模式是分红式。这是一种以最终销售结果为导向的定价模式。也就是说，你帮客户赚了多少钱，就从中抽取多少佣金作为报酬。这种收费模式比较适用于信息流优化师、基金经理等。如今的直播带货博主也有不少采用这种定价方式。

这种模式最大的好处就是收入上不封顶，适合服务那些对销量有直接需求的客户。比如，一位开网店的客户，一直想提高店铺销量，而你在信息流广告方面有独到的经验。这时候，你采用时薪式或者打包式都不是很妥当，因为这两种定价模式和销售结果无关，客户有可能赔本，你的收入也有天花板。

对双方而言，采用分红式是最好的选择。比如，你的定价是利润的10%，客户的网店每成交一单，你都能够收获一成利润。在这种模式下，你的客户是稳赚不赔的，自然非常乐意促成这笔交易。你只要经验老到、技巧娴熟，每月所得到的分红，绝对远高于其他两种定价模式。

如果你有过和很多大中型公司合作的案例，能够给出确切翔实的数据，无论将来你是跳槽谋高位，还是辞职创业求发展，这些案例都将成为你成功路上最宝贵的财富。

就这三种定价而言，各有优劣，适用于不同的场景、不同的阶段。我们在发展副业的过程中认清自己，给出合理的定价，才能把副业这条路越走越宽，最终成就实现财富自由的事业。

“朋友圈”里的你值多少钱?

既然副业是一场自我营销，如何包装经营自己，让朋友圈的自己看起来更加值钱，是副业成败与否的关键因素。在节奏加快的今天，分配给每个人的精力都是有限的，尤其是很多只有一面之缘的人，想要对他有更加深入的了解，大多时候就是依靠朋友圈的信息。在这样的情况下，懂得自我包装，就能让朋友圈里的你更加值钱。

最近，公司楼下新开了一家卖粉面的店。现在街头巷尾的粉面类店铺很多，但和大多数店铺门可罗雀的景象不同，这家店铺一直客似云来。从开业至今将近一个月，每天都是人满为患，很多人不得不选择外卖才能吃上他们家的面条。

为什么他们的生意这么好呢？主要就是包装。店铺的外观上，老板按照“登科及第”的人设特点进行了古色古香的装修，在“及第”和客家文化这两方面大做文章。店内的装修、桌椅、包间，乃至菜肴，无一不体现这一特点。比如，“及第汤”“三及第”“六及第”等菜肴，都是店内火爆的菜品。很多人听到这些新鲜的名词，都忍不住想要尝一尝。尤其是附近还有一所中学，家长为了图吉利，也常常会带孩子前来光顾。

虽然所谓的“三及第”不过是猪肉、猪腰、猪肝煮的汤，“六及第”就是再多出三种食材。但以这样的方式命名，不仅增加了消费者的好奇心，更带来了吉祥的寓意，即使价格稍贵，消费者也愿意买单。

在这一条街上，卖粉面的店铺很多，但能做到特色如此鲜明的，只有这一家。因此，即便他们的菜价比竞争对手高出三分之一，但销量却比对手多出整整一个量级。

其实，我们逛街的时候，看到商场的各类餐厅，也能对其消费水平有个大概的评估，评估的依据就是他们的装修。都说“人要衣装，佛要金装”，要想在朋友圈中脱颖而出，让人肯定你的价值，在包装上就需要下大功夫。

那么，如何打造朋友圈，让自己更加值钱呢？可以从五个方面入手，做到有情、有料、有品、有趣、有追求。

所谓有情，就是有感情。很多以微商为副业的朋友，在朋友圈里推销产品时永远是复制粘贴。除了干巴巴的产品介绍，以及王婆卖瓜式的自吹自擂，文案中看不到任何感情色彩。如果这类朋友圈发得太多，别说只有一面之缘的陌生人，想必关系再好的同学朋友都忍不住要屏蔽你，还怎么促成订单成交呢？

文案有了感情，才能让读者产生共鸣，促进订单的转化。当然，“有情”不是要你每条朋友圈都煽情，用力过猛反而让人觉得做作。这里的有情是为了让你的朋友圈内容有温度，让你看起来是有感情的人，而不是唯利是图的商人。

因此，平时多分享一些个人的真情实感，向好友展示真实生活的自己。记住，只有真诚才能打动客户，实现成交目标。

再者，就是有料。在信息爆炸的时代，每人每天都要花时间处理大量的信息，因此，人们更希望看到干货，学到知识。比如，你是卖口红的，如果连口红的基本色号都分不清楚，描述产品的时候翻来覆去只会那几个形容词，客户怎么可能从你这里下单呢？

做到有料，就是要成为肚子里有货的人，成为专业的人。通过分享一些客户不知道的产品知识、行业知识，让客户觉得你的信息有用，觉得你是靠谱的专业人，才能提升转化率。这也是强调创业者要终身学习的原因。一个卖祛痘产品的人，只有具备一定的皮肤医学知识，才能给不同的客户提供不同的建议，让客户心甘情愿地掏钱买单。

有品，指的是品位。千万不要在朋友圈分享一些低俗的内容，这对个人形象价值来说是灾难性的。一旦你被客户贴上“低俗”“不靠谱”的标签，想要把这个标签撕下来是非常困难的。

品位是个人价值的一部分。人们会对喜好品茶、弹琴的人带有天生的好感，而对热衷抽烟、喝酒的人带有天生的戒备。你可以说这是歧视，但事实就是如此。要想把副业做好，个人的形象维护少不了。

有趣，是指幽默感。人们喜欢和幽默感满满的人打交道。朋友圈固然需要品位，但如果每一条分享都高高在上，不食人间烟火，同样会产生距离感，少了一丝真实。将有品和有趣结合在一起，更能展示活生生的人，拉近和客户的距离。

分享生活中的趣事，谈谈对当下热播影视剧的看法，聊聊时事热点，既能表达观点，展示有趣的一面，还能引起互动。正所谓“无互动不营销”，银行经理为了维护客户，逢年过节还要上门送粮送油，拉拉家常，更何况做副业的人在朋友圈的互动联络。

最后一点，有追求，指的是展示自己有抱负、有理想的一面。

没人喜欢一个怨天尤人、戾气满满的人。定下目标，分享成长的过程，让大家看到，你一直在努力，一直在进步。无形中，你积极向上的形象就会留在人们的脑海里。无论是对你，还是对你的产品，信任感都会进一步提升。

个人价值分为两点：一是自己清楚的实际价值，这在如何给自己定价这一节中提过；二是他人的定价。这两点都会对个人的价值产生影响。你在朋友圈的人设，需要经营和维护，展示自己良好的一面，拉近和客户的距离，建立信任的桥梁。

锦上添花，小技巧大作用

都说细节之处见真章，高手过招，输赢在细节。对于自我营销的高手来说，到最后真正决定成败的很可能就是细节问题。因为大方向上，大家掌握的技能差不多，能不能从千军万马中杀出一条血路，站稳脚跟，细节往往起着举足轻重的作用。

从第一家麦当劳门店进入中国至今，已经过了 30 多年。在这 30 多年里，中国诞生了无数的炸鸡店，但要论知名度，麦当劳称第二，恐怕无人敢称第一。其实，炸鸡不是一个技术含量很高的活，只要做好原料配比，餐厅将腌制好的鸡肉放进油锅中炸熟即可。它既不像传统餐厅那样仰仗掌勺厨师的功夫，也无须在烹饪细节上花大量的时间。应该说，门槛这么低的一门技术会有无数的竞争者蜂拥而入，从而极限拉低行业利润。但是这么多年过去了，麦当劳不仅仍然牢牢占据行业领导者的地位，在单品价格上依然比大多数同行要高。它是怎么做到的呢？

原因在于麦当劳对细节的变态式追求。举个简单的例子，麦当劳中有一款经典的汉堡需要用到牛肉。对于牛肉原料的选择，首先必须是精瘦肉；其次，一块肉饼必须由 83% 的肩肉和 17% 的五花肉组成，整体脂肪含量不能超过 19%；最后，将牛肉绞碎后，统一做成直径 98.5 毫米、厚度 5.65 毫米、质量为 47.32 克的肉饼。

无论是在美国还是中国，这个标准都是一样的。这就保证无论你在世界哪个角落，只要是同一款牛肉汉堡，其口感都是一模一样的，真正做到质量的绝对化标准。

这就是麦当劳对细节的把控。正是因为对细节的极致追求，所以消费者对麦当劳的产品服务也有口皆碑。这也是在多年的竞争中，麦当劳屹立不倒的重要原因。那么，在自我营销的过程中，有哪些细节和技巧是做副业的人需要注意的呢？

第一，媒体采访。有影响力的人在日常生活中应该都接受过媒体采访，或者是通过广播、电视等进行宣传。媒体本身存在一定的用户，能够迅速将自己的事情传播开来，但是有很多人表示，利用这样的方式自我营销，成本比较高。但是如果通过这种方法制造新闻事件，让媒体帮忙传播，效果会超乎大家想象。这样的能力要通过实践来造就。

应该说，利用媒体采访扩大影响力是最直接，也是最有效的。一直被奉为“打工人偶像”的广西“窃·格瓦拉”，如果没有媒体采访，根本不会有人知道他。因为这段极偶然的采访，再加上网友的二次传播，他的热度急追一大批流量明星。在他刚出狱的时候，甚至有机构开出上百万的价格和他签约。当然，这件事本身的争议性在此不做过多展开，但从这件事中，我们能非常明显地看到媒体采访对自我营销的巨大推动力。

第二，讲故事。严格来讲，太阳底下无新事。经过上万年的发展，人类可以说把能发生的事都发生了一遍，今天的人不过是在重复过去的故事。但有一点是肯定的，即便在故事已经毫无新意的情况下，人们依然乐意听故事。因为故事的内核虽然一样，但形式却随着讲故事的人而变化。一个会讲故事的人，必定受人欢迎。

产品只要有了某个故事，价格便可涨成百上千倍。很多销售岗位的面试官面试新人的时候，都喜欢拿出手中的笔，问对方怎么把这支普通的中性笔卖出 1000 元的价格。这样的问题如果用讲故事的方法赋予其新的价值，就很好解决了。普通的中性笔肯定无法卖出天价，假如这支笔曾经签署过某些历史性的文件呢？比如第二次世界大战结束，日本投降时，麦克阿瑟在投降书上确认签名时，为了价值最大化，写几个字母就用一支笔，最后留下五支拥有宝贵纪念意义的钢笔。大家觉得这样的钢笔值多少钱呢？别说 1000 元了，你就是有钱都不一定买得到。这就是故事的力量。

自我营销过程中，合理利用故事，无论是对产品，还是对自己的 IP，都可能带来意想不到的价值。

第三，创作文章。这是自媒体的时代，每个自我营销的做副业的人都应该学会在网上发出属于自己的声音。这不仅仅是为自己引流，更是为了扩大影响力。自我营销的核心不就是增加曝光率吗？自媒体写作是成本最低、最便捷的一种方式。无论是公众号、头条号这类图文平台，还是视频号、抖音、快手这类视频平台，甚至喜马拉雅、荔枝 FM 这类声音电台，都可以作为自己的起步平台。

有人觉得自己文笔不好，不擅长写作，因而不愿意在网上留下文章。其实，网络写作的门槛非常低，只要言之有物，文笔好不好影响不大。只要你写了，就一定会有人阅读。多一个读者，你的副业之路就多一份可能。最关键的是，通过写作，你不仅能够把自己推销出去，还可能有一些意外收入。比如，广告收入、头条对创作者的扶持等；知乎同样对言之有物的创作者十分友好，时不时就有飞来横财，何乐而不为。

第四，公众演讲。这主要是针对线下的一些活动。人脉的搭建很多时候靠的就是线下活动，如读书会、交友沙龙、行业分享会等。在这些社交场合，如果你只是扮演默默无闻的角色，靠着主动加微信拓展社交圈，效果非常有限，因为人家可能根本不了解你。尤其是在这些社交场合，大家接触的时间通常就是几个小时，这时候如果你能够有一场吸引人的演讲，不需要你结交别人，别人就会主动来加你。

当你有了一定影响力，需要扩展圈子，为自己或者产品做宣传，这时公众演讲依然是一个非常合适的选择。当然，这时不是小圈子的演讲了，可能是和高校社团合作，租一个教室，也有可能和一些特定的组织合作，租一个酒店大厅。这类演讲对自身影响力的帮助绝对是飞跃级的。对于那些从事培训教育或者产品销售行业的人来说，一场演讲下来，很可能收获几个月的收入。而且，这种影响力不会因演讲的结束而结束，将会伴随你的副业生涯。

第五，客户评价。这其实是营造口碑。为什么淘宝店家的快递包裹里送一张好评返现卡？就是为了提升店铺的卖家服务评级系统（DSR）的评分。对于副业人来说，个人的DSR同样不能忽略，客户评价非常重要。

每次在为客户做好服务的情况下，一定要请求这些客户为自己写一封比较简单的感谢信，描述我们为了让客户满意究竟做了哪些事情。最后，在网站或是其他营销材料上附上这些人的文字，目的是让他人觉得你的价值比较高。

第六，打包成就。普通的营销人员几乎都会制作展业手册，毕竟现在是网络时代，要想更完美地营销自己，更应如此。比如，可以收集照片或是用户评价，将这些照片以及评价展示在网站上，或者展现在演示文稿里。成就的打包就像企业文化墙上的各种奖项，对于个人营销来讲，有着锦上添花的作用。它能让客户在还不是很了解你的情况下，对于你的能力价值有基本的判断，推动合作的达成。

以上六点营销技巧，适用于各行各业做副业的人。这是一个流量为王的时代，自我营销的本质就是为自己接上一个流量入口。所谓“八仙过海，各显神通”，只要能为自己带来流量，扩大影响力，可以采用多种技巧。

第⑤章

以“复利思维”指导副业赚钱

副业之所以叫作副业，就是因为和主业相比，它处于从属地位。正因如此，很多人觉得副业就是小打小闹，业余时间多少挣点，补贴家用就行。殊不知，副业和主业的地位是可以转换颠倒的，只要发展得好，副业收入甚至会远远超过主业，成为实现财富自由的事业。那么，如何实现副业到事业的转变呢？关键就在于“复利思维”。

什么是复利思维？

复利，其实是一个金融词汇，指的是一种计算利息的方法，就是我们常说的“利滚利”。假设你在银行中存了 100 万，年利率是 5%，按照复利的计算方法，第一年的利息收入为 5 万，第二年就是 5.25 万，第三年是 5.5125 万……就是说，随着时间增加，利息收入会越高。当时间越过某个奇点，复利计算会以几何倍增的形式让你的财富实现爆炸式增长。

复利思维，就是利用复利的这一特点，让我们的财富不再是线性增长，而是指数增长，因为复利的计算公式是 $P(1+r)^n$，这是一个指数函数。其中，P 是本金，r 是利率，n 是时间。指数曲线的增长虽然一开始较为缓慢，但只要持续时间足够长，就能爆发出惊人的力量。

把这个思维应用到副业中，n 代表时间，r 是你正在从事的副业。只要每天进步 1%，经过复利累积，只需一年时间，1 就能变成 37.8！也就是说，只要遵循复利规则，每天进步一点点，一年后，无论是财富还是学识，你都要比一年前的自己强大将近 38 倍。假如这个时间值变成 1000，结果会是多少呢？答案是 20959.15。

坚持三年，完成凤凰涅槃般的蜕变，这就是复利思维的力量。

在复利思维的指导下，我们只需做一件事，就是保证自己在做正确的事，让 r 值为正，剩下的事情交给时间，它会让我们见证奇迹。爱因斯坦说过，复利思维是世界第八大奇迹。生活中运用复利思维以及有关复利思维力量的故事也不胜枚举。

棋手索要粮食的故事相信大家都耳熟能详了。小小的棋盘，只有 64 个方格，但在复利思维的规则下，全国的粮食都填不满这些格子，其爆炸性的增长能力可见一斑。

地球到月球的距离是 38.4 万千米，一张纸的厚度不足 0.1 毫米，但只要将这张纸对折 64 次，其厚度将远远超过地月距离。这听起来很不可思议，但也只是复利思维的一种简单设想。虽然现实生活中不存在可以对折 64 次的纸，也很难做到每天进步哪怕 1%，不过通过这种完美的模型推算，我们会对复利思维留下深刻的印象。

从本质上讲，复利思维就是通过做一件事情 A，得到结果 B，结果 B 又反过来促进事情 A，如此循环往复，实现质的飞跃。人与人的差距不是单单靠努力程度拉开的，更多的是思维格局。

很多人想着，北京一套房若一千万元，自己一个月工资五千块，要不吃不喝 166 年才能买上北京的一套房。这种思维本身就是错的，因为在这种思维的指导下，财富的增长完全是线性的，线性增长不可能有任何未来。既然想要从事副业，必然有了不满足于死工资的心，想增加创收。那么，副业收入完全不能用线性思维来计算，取而代之的一定是复利思维。只有在复利思维的指导下，我们才能通过副业实现最终的财务自由。

传奇股神巴菲特想必大家都不陌生，他曾是世界首富，即便如今从首富的位置上退了下来，其资产依然排进世界前十。但很多人不知道的是，巴菲特不是一开始就很有钱，他的大部分财富是在他年过半百后才获得的。也就是说，在 50 岁之前，他和大多数人一样，可能算得上小有成就的中产，但绝对比不上后来的辉煌。那么，他的财富爆炸是如何实现的呢？

2006 年，巴菲特写了一篇《致股东信》，里面举了一个例子，或许能给我们一些启发。他提到，从 1990 年的 1 月 1 日到 1999 年 12 月 31 日整整十年，美国道琼斯指数从 65.73 增长到 11497.12，足足增长 170 倍！这看起来很多，其实每年的复合增长只有 5.3%。换句话说，在这十年里，哪怕是头猪，只要矢志不渝地持有股票，都能实现财富的百倍增长。为什么最后只成就了一个巴菲特呢？

其实，秘诀就是复利思维。很多人冲进股市，满脑子想的就是赚快钱，恨不得早上买进的股票下午涨价就卖出。这样的炒股和赌博有什么区别。一天到晚盯着走势图分析，对一丁点儿的行情起伏都敏感得不行，到头来钱没赚到，各种税费倒是交了不少。复利思维要显示出力量，最重要的就是时间的沉淀。昨天买进今天卖出，或者持有几周几月，反复买卖，这么短的时间是不可能看到复利思维的作用的。

与此相反，巴菲特持有的股票都是长期的。一次记者会上有人问他，理想的股票持有时间是多久？他回答，永远。但巴菲特年轻的时候，手中持有股票的时间并不长，一般是 1~3 年，经过市场价值修复就会抛出套现。比如 20 世纪 60 年代的美国运通，巴菲特持有一年多后，在涨价 150% 的情况下抛售。这也是巴菲特 99% 的财富是在 50 岁以后获得的原因。直到年过半百，他才真正意识到复利思维的力量，转而长期持有股票，动辄以十年为单位。

当然，巴菲特的成就可能绝大多数人穷极一生都无法达到，但他通过复利思维实现财富爆炸式增长的方式值得每名做副业的人学习。所谓复利思维，就是让我们沉下心来，踏踏实实做事，把手中的副业做好、做精，成为行业内的顶尖人才，早晚有一天，奇迹会发生。当然，一开始的增长是缓慢的，但只要耐得住寂寞，不急功近利，时间一定会给我们想要的结果。

你没有选择，必须“更值钱”

我们从小就被老师教导“人生而平等”，这句话自然没有错，但其所指的更多是法律地位上的平等。实际上，我们同时也被教导“每个人都是独一无二的个体”。当我们进入社会求职就会发现，虽然每个人求职的权利是平等的，但所能获得的报酬却有着天壤之别。有些人一个月的工资抵得上另一些人一年的收入。为什么人和人之间会有这么大的差异？

一家世界500强企业的副总裁，靠着月工资、奖金、期权和各种福利，年收入高达三百多万美元。同一家公司的普通员工，年收入却只有不到三万美元。前者是后者的一百多倍。为什么他们的收入差距这么大？有人就这个问题向公司总裁提出质疑。

总裁回答说，衡量员工应该拿多少报酬，不仅和他能够为公司创造多少价值相关，也和他本人岗位的可替换性有关。普通员工虽然身在一线，每日辛苦工作，但他只需按照公司的既定要求完成任务即可，可替换性非常强。在这种情况下，普通员工是在和大部分人竞争，要么接受公司给的普通报酬，要么辞职走人。因为这份工作即使他不愿意做，马上就会有大把的人前来应聘。在这样的情况下，普通员工对于薪资的议价空间非常有限。

但是副总裁就不一样了，虽然他行使的大多是管理、决策权，很难直接量化到底为公司创造了多少价值，但他管理着公司几千号人，一旦辞职走人，公司的很多业务就会停摆，再找到一个符合公司要求的人担任这个职位，所需成本相当高昂。换言之，副总裁的不可替代性非常强，正是这个原因，公司愿意为他付出高昂的价格。

市场是交易的地方，这不仅仅体现在货物交易上，对人才来说同样如此。你能够获得多少报酬，既取决于你能为公司带来多少价值，也和你的不可替代性息息相关。

20 世纪 90 年代，国内一家工厂的机器坏了，请了很多人前来维修，但都无济于事。最终德国专家前来检测一番，最后在一根电缆上画了一条线，指明把这条线拆除即可。维修成功之后，专家收费 100 美元。有人质疑他为什么画了一条线就敢开口要 100 美元，他回答，画一条线只收费 1 美元，但知道在哪里画线，收费 99 美元。

这就是不可替代性。当事情只有你能做时，你就占据着最大的议价主动权。那么，从事副业的过程中，我们如何利用复利思维让自己更加值钱呢？要让自己升值，最重要的就是不可替代性和所能创造的价值。要提升这两点，知识复利是我们必须采取的方法。

所谓的知识复利，就是经年累月地积累知识，而每个新知识都将成为下一次思考的素材。当积累的量达到一定规模，知识之间彼此连接，互相交织形成系统。而且，这个系统不断地有新的知识加入进来，迭代更新速度越来越快，最终形成独有的知识体系，提升能力的同时打造坚实的护城河，让自己无可替代。

例如，《中国诗词大会》在决赛的时候，一名外卖小哥意外击败满腹经纶的北京大学硕士，成为年度冠军。他的名字叫雷海为，他能够胜出的秘诀就在于知识复利。一个外卖小哥，每天风里来雨里去，怎会有时间看诗词，完成知识复利呢？

面对观众的疑问，雷海为说，虽然平时很忙，但时间挤一挤还是有的。尤其是像他这样的外卖员，每天等餐送餐的间隙，有很多的碎片化时间。诗词的短小精悍正好完美契合雷海为的工作性质。因此，每当路上红灯、餐厅等餐、中午吃饭的时候，他都会拿出手机，好好地读几首诗词。经过长时间的积累，同样地玩手机，他却完成诗词领域的知识复利，实现人生逆袭，从普普通通的外卖小哥成为众人瞩目的年度冠军，击败了响当当的北京大学硕士。这不能不说是一个奇迹。

虽然雷海为的行为严格来说不算是副业，但对于很多即将从事的副业朋友而言，同样有着巨大的参考价值，尤其是对把设计当成副业的人。很多人觉得设计不就那么回事吗？耐克的 LOGO 打个钩就完事儿了，为什么作品设计要收那么多钱？

设计的功夫在设计之外。每个设计师都能够熟练地掌握设计软件，对于配色原理、作图技巧等都如数家珍，但不同设计师的费用差别为什么会如此之大呢？著名的设计师无一不对各行各业有着深入的了解。随着年岁的增长，他们的阅历、学识都会潜移默化地影响到设计的作品。这些东西带有强烈的个人色彩。每个设计师看过的书、见过的人、走过的路都是不一样的，这保证了他们作品的不可替代性。他们的能力，也在经年累月的复利下，得到质的提升。

想要在市场上卖个好价钱，最核心的是让自己值那个价。没有哪个雇主愿意花高价雇用不值当的雇员，雇主永远青睐物美价廉的人力。人才则不断追求更高的报酬，两者之间存在博弈。要想在这个博弈中占据主动，利用知识复利完成个人价值的升级，是最快、最有效的方法。

健康复利：有命挣也要有命花

前几年，因为90后害怕体检的事情，在微博引起热议。在综艺《我家那小子》里，有一次，嘉宾武艺去修脚。可能是多年的职业经验，修脚师傅告诉他，你的脾胃不和，身体呈亚健康的状态。听到师傅这番话，回家后的武艺纠结了很久，才最终决定去体检。这距离他上一次体检，已经超过5年。体检结果令人震惊，身为90后的他拿着体检报告还有点不敢相信，因为报告表明，他不仅有胆结石，还有脂肪肝。

害怕体检，已经是大多数90后年轻人能够感同身受的一件事。事实上，就算不体检，发胖、脱发、爆痘也是大多数年轻人面临的共同问题。他们敷着最贵的面膜，熬着最深的夜，吃着重油重盐的外卖，在一片焦虑不安中立着flag要减肥、要健身，健身卡办了不少，可是大多数没去几次，到最后，健身房似乎成了免费澡堂、拍照打卡的地方。

人生不是百米赛道，而是一场马拉松。我们无数次地强调过，无论是主业还是副业，能够将其做好的前提是有健康的身体。如今的互联网大厂，如腾讯、阿里巴巴，其公司大楼都有专门的健身房。就算一些规模较小的公司，也大多会为员工办理一张免费的健身卡。原因何在？就是为了让员工有更好的身体，能够承受高强度的工作。

要想把副业做好，和创业无异，不仅需要投入大量的时间和精力，还需要应对未知的风险。没有好身体，一定打不赢副业这场“持久战”。看看那些财富榜上的大佬，王健林、周鸿祎、雷军……哪个人家里没有健身房？

当然，很多朋友不是没有尝试过健身。人人都想要有好身体，但是很多人坚持不下来。和财富、知识一样，要想获得健康的身体，同样需要复利思维。指望一两个月的突击跑步、爆发“撸铁”就获得结实的身体、迷人的腹肌，无异于白日做梦、痴心妄想。就算靠着坚强的意志挺过开始的几个月，只要后面一放松，便会立马反弹。因此，要想有健康的身体，支撑自己走完副业的道路，必须依靠复利思维的指导。

不知道大家有没有听过这么一个故事。一次，赵雅芝去敬老院看望老人，一个 61 岁的婆婆拄着拐杖，欣慰地对赵雅芝说：“谢谢你啦，小妹妹。今年多大啦？嫁人没有？”没想到赵雅芝却回答：“妹子，我今年 63 岁啦！”

这个故事的真假不好说，但在高龄依然保持青春的容颜和旺盛的精力是完全可能的。且不说赵雅芝、林志颖这些娱乐圈的“不老女神”“不老男神”，就说 2020 年再次让大家熟悉的钟南山。他 80 岁了，但是大家看他工作时的样子、走路时的步态，完全无法把他和 80 岁高龄联系在一起。

他们的健康是靠突击的吗？是靠补品吗？不是。一次采访中，当记者问钟南山健康的秘诀时，他提到三点：锻炼身体、心理积极、注意饮食。

大家都懂锻炼身体，那就是跑步、游泳……其实，这不全对，因为我们不仅要锻炼到位，更要科学锻炼。有些热爱跑步的朋友，每天 5 千米，风雨无阻，但是一段时间，你会发现身体不但没有变得更加健康，反而膝盖、脚踝等部位出现了问题。这有可能是跑步姿势不对，也可能是跑步强度过大。都说过犹不及，健身锻炼确实是提高身体机能的必备条件，但如果不讲方法，一味乱来，反倒有害。

心理状态很多时候受身体状态的影响。两年前，身为程序员的李强因为工作压力大，一度因抑郁接近崩溃的边缘。一次周末，他和同事去体育馆打球，恰逢当天人多，球场人满。同事不想白来一趟，就招呼李强一起去操场跑步。毕业三年多了，李强没有跑过一次步，哪怕是在上大学的时候，要不是有体测和体育课，他可能都不会到操场去。可能是在同事的鼓励下，他那天不仅迈开了双腿，更是一口气跑了 5 千米。虽然最后累瘫在地上，但跑完的那一刻，李强真正感受到什么叫大汗淋漓的痛快。

就这样，他爱上了跑步，只要不加班，他都会到公司楼下的健身房跑上几千米。他很快发现，跑步能够让他的思维更加清晰，很多上班想不出来的 bug 修复方案会在跑步过程中突然出现在他的脑海里。这种情况几乎是自然而然发生的，不需要他额外做什么，只需在跑步的过程中放空自己，很多点子和想法就会自动冒出来。

李强的工作效率得到巨大提升，以往的抑郁也一扫而空，整个人都积极阳光起来。可以说，通过健身，他宛如脱胎换骨一般，从身体到心态都成了另一个人。

最后一点就是饮食习惯。健身的朋友会严格控制各种营养元素的摄入。对于一般人来讲，可以参考，无须那么严格。只要保持作息规律、饮食规律，不暴饮暴食，不重油重盐，都不会对健康造成负面影响。

从这些出发，认认真真执行，经年累月一定会见证奇迹。健康也是一种复利，和其他复利方式一样，累积的时间越久，效果越显著。小沈阳在《不差钱》中说过，人生最大的悲剧是人死了，钱还没花完。有命挣钱，也要有命花钱。健康复利，越早开始越吃香。

人脉复利：让副业拥有更多可能

在成功副业所需的关键因素中，人脉可以说具有举足轻重的地位，对副业的重要性毋庸置疑。人的能力总是有限的，当想获得更大的发展时，会发现有许多资源触碰不到，更广阔的空间无法触及。人脉相当于加长了的人手，能够帮助人撬动更远处的资源。人脉越广，就意味着人的手臂越长，副业的成功就有着更多、更大的可能。统计数据资料表明，在个人获得成功的因素中，人际关系占了85%，知识、技术、经验等因素仅占15%。因此，要想打开局面，获得更多成功的资源，必须广开门路，积极拓展人脉圈。

如何发展自己的人脉呢？这就需要利用“复利思维”。人脉如同银行储蓄，可以复利的形式增长。假如我们在合作中给A带来了价值，就可以和A形成长期合作的关系，互相带来长期的收益。而且，在与A合作的过程中，我们还可以结识B和C等，同样能形成基于价值共赢的长期合作关系。如此，人脉越来越广，收益越来越多，人脉复利由此形成。

人脉复利可以使人脉发挥更大的作用，进而影响人的机会、利益和地位。

北大心理学系毕业的刘倬伦，就是善于发展人脉营造复利的代表。硕士毕业后，刘倬伦本来在一家企业有着安稳的工作，但她不满足于现状，开始思考如何用专业知识发展副业。要想发展副业，首先就要拓展人际圈。刘倬伦很喜欢交朋友，她希望应用心理学上的人际关系处理技巧帮助自己。在樊登读书会上，刘倬伦通过心理学知识搭建的桥梁迅速和北京大学光华管理学院赵克欣、联想集团大联想学院院长孔庆斌、腾讯大学负责人马永武、招商银行总行研究部主任罗开位、樊登读书会发起人、MBA 资深讲师樊登，成为莫逆之交；之后又与《美丽俏佳人》主持人李静、中央人民广播电台前主持人许川成为私交好友，也成为香港女星翁虹的座上宾。现在的刘倬伦，是英国伦敦城市行业协会认证讲师、壳牌中国总部优秀讲师、罗博国际文化传媒有限公司总裁、《心灵译码》《五分钟洞察人心》的版权作者。广博的人脉圈为她赢得丰富而精彩的人生。刘倬伦正是利用自己的专业知识给他人带来价值，从而有机会接触到众多的优质资源，持续地给自己带来复利。

还有一个有意思的例子可以说明人脉的作用。很多人看过动画片《小猪佩奇》，但不知你们是否注意到，出镜率最高的角色，除了小猪佩奇一家，还有谁呢？第一个是小狗丹尼，因为他是佩奇爷爷的好朋友；第二个是小羊苏西，因为他是佩奇最好的朋友；第三个是佩奇的暗恋对象佩德罗。这三个人物都因属于主角的人脉圈而在动画中抢尽风头。可见，人脉资源的辐射作用是很大的。

该如何建立自己的人脉复利呢？仅仅停留在认识层面，形成不了人脉复利。我们必须考虑自己能为他人带来什么价值，自己能从他人那里取得什么价值。

成年人世界的本质就是利益互换。如果不能为他人带来利益，即使好话说尽乃至卑躬屈膝，别人也不会当你是人脉。但如果能为别人提供价值，情形就大不相同。比如，若对方正在做广告策划，需要擅长图文设计、视频编辑的人，如果你能为此出力，你们就形成了合作关系，成为彼此的人脉。还以刘倬伦的例子来说。樊登读书会的牛人之所以愿意结识她，是因为她的心理学知识能给牛人带来许多管理学上的启发；社会名人之所以欢迎她，是因为她能运用心理学知识为他人分析情感、排忧解郁。同样，我们选择什么样的人作为人脉，也是基于价值考虑，要加深和有价值的人的连接，人脉圈才不会变淡和流失。通过价值挂钩，我们能和他人发生关联；通过利益桥梁，我们能和他人合作。在合作中持续加深彼此的关系，彼此都会越来越重视对方的作用，愿意为对方创造更多的价值。实际上，特定的人脉圈，其本质就是一个利益共同体。处于利益共同体中的人不断交换利益，分享着人脉带来的复利。共同体中的人彼此信息共享、合作共赢，合力对抗外来风险，对于每个人来说，人脉圈都发挥着重要作用。

我们还应明白，得到人脉，关键在于好的沟通。所有人都期盼有机会能与成功人士相识交流，将对方拉入自己的人脉圈。但是人们往往急功近利，自以为认识了很厉害的牛人，自己的人生就能腾飞。实际上，要想获得人脉，关键在于赢得人心；要想赢得人心，关键在于高情商的说话、做事。

电视剧《雍正王朝》中的雍正皇帝就是这么做的。雍正为了选拔人才，特意开恩科取士。殿试时，其他学子都交卷了，唯有王文昭还在奋笔疾书。眼看天色已晚，主考官面露不耐烦，而雍正却不着急，连六百里加急的军情奏报都放在一边，反而做了一个出人意料的举动：只见雍正取过烛台，走到王文昭跟前，亲自为他掌灯，并叮嘱他“慢慢写”。雍正贵为天子，却屈尊为士子掌灯，这种重视人才的举动让读书人为之感动。后来，在雍正遭受逼宫时，王文昭毅然挺身而出，为雍正说话。总之，人脉的形成，说白了就是笼络人心的过程，要推己及人，多为他人着想，感动别人的心，他人才会为你所用。

复利思维的基础：目标明确

要想更好地发展副业，就要利用复利思维；要想用好复利思维，首先应制定明确的目标。明确的目标是复利思维的基础。对副业来说，明确的目标就像统帅，指挥副业朝正确的方向不断进发。

明确的目标能够使复利思维和副业不至于迷失方向。如果没有目标的指引，复利思维再好也缺乏根基；没有目标的指引，副业很难在一个方向上持续走下去，而变更方向是要付出代价的。复利的实现，本身就需要时间积累、耐心坚持，如果中途易辙，根本不能实现复利的效果。摩拜创始人胡玮炜当了近十年的汽车杂志记者，才最终创办摩拜；知名网红 papi 酱在网络上发布了数千条视频，才终于火起来。如果没有目标的指引，胡玮炜怎能有十年的定力？如果没有目标的导航，papi 酱可能坚持不到大火的时候。只有朝一个方向不断努力，复利效应才会像雪球般越滚越大。摩拜的成功和 papi 酱的爆红，都是在目标指引下量变引起的质变，从而收获了复利红利。

财经作家吴晓波就是以明确的目标为复利思维和成功人生奠

基的典型。1998 年，吴晓波开始写他的第一本书《农民创世纪》，并给自己下了命令：“从今年开始，我要每年写一本书，每年买一套房，这个计划，坚持了很多年。”就这样，吴晓波以惊人的毅力，做到每年写一本书，再用稿费每年投资一套房产。他不仅登上中国作家富豪榜，还买下千岛湖上租赁期 50 年的一座小岛，成为绿地控股股份有限公司的独董候选人。吴晓波就是在明确的目标指引下，在 20 年的时间里，将精力和金钱持续地投入房地产领域，长期坚持，最终收获了复利的财富。人生犹如在茫茫大海上航行，若没有灯塔的指引，终会迷失于海上的迷雾中。有了目标这一灯塔，形成坚定而强烈的目标感，人生的航船才有方向，复利思维才会产生更大的能量。

哈佛大学做过一个长期跟踪调查。他们调查了若干年龄相仿、学历和生活环境差不多的年轻人，发现 3% 的人有明确的长远目标，10% 的人有明确的短期目标，60% 的人有模糊的目标，27% 的人根本没有目标。25 年后，调查发现，那些拥有明确长远目标的人，一直朝着自己的目标努力奋斗，成了社会各界的成功人士，有创业者，也有行业领袖和社会精英。那些拥有明确的短期目标的人，大都稳定地生活在社会的中上层，成为工程师、律师、医生等行业中不可或缺的人才。那些目标模糊的人，大都在社会的中下层过着平平淡淡的日子，有安稳的工作，但没取得大的成绩。那些没有目标的人，都生活在社会的最底层，没有稳定的工作，甚至需要社会救助生活，陷入整天的抱怨之中。

可见，目标对人的一生有着十分重要的作用。你拥有什么样的目标，就会成就什么样的事业，获得什么样的人生。对副业来说，是否有明确的目标也决定副业能否成功。我们不愿做可悲的 27% 的人，都希望对副业的投入能获得回报。那么，明确的目标是十分必要的。

如何科学地制定目标，却不是那么容易。小时候，我们在作文上往往都会写道“我以后想当一名科学家”“我以后想当一名宇航员”……可是又有多少人把这样的目标当回事儿并持续下去呢？想必岁过中年，大多数人把小时候的梦想忘得一干二净。我们之所以平庸是因为没有目标吗？哪个年轻人刚进入社会时不是满腔热血，誓要干出一番事业，为什么到最后成功的却寥寥无几？最大的原因在于不会科学地确定目标。

科学地设定并实现目标有一些策略。管理学家告诉我们，设定目标要遵循 SMART 原则。

Specific，明确、具体的目标。模糊的目标操作性不强，因为无从下手。比如有人说，我的目标是“把英语这项技能学好”。可是怎样才叫“学好”？有什么标准？要用具体的语言去描述，如掌握多少单词和短语，要能达到同外国人交流的程度，考过等级考试等，总而言之，不能泛泛而谈。

Measurable，可衡量的目标。目标进行到什么程度，是否最终达成，应该可以被衡量。不要说“要用英语充实人生”这类不可衡量的目标，应该量化到英语每月能给你带来多少收入，交到多少新朋友这个层面。只有当目标可衡量时，才能体会到一点一滴实现目标的快乐。比如，我的目标是靠英语带来 5000 块钱的月收入，可能刚入行的时候，每月只能赚到几百块钱。但是随着技能的提高，收入就会逐步递增，这可以直观反映在数据上。具体的反馈比模糊的感觉能够给自己带来更大的成就感，帮助自己走得更远。

Attainable，可达到、可实现的目标。目标是通过自己的努力实现的，不应超出自己的能力，不可企及。比如，想在一年内写一部英语小说获得诺贝尔奖这种目标，就过于遥远，明知实现不了，就给自己的惰性找到了借口。正确的做法是，通过一年的学习，能持续用英语记日记。此外，好高鹜远更深层次的伤害是因持续的失败打击人们的信心。久而久之，自己就慢慢地习惯了目标无法完成的状态，到时再想靠副业完成人生逆袭就更加不可能。

Result-based，基于结果导向的目标。目标重在结果的实现，而非过程的参与。很多人会习惯性地倾向于混淆行动与结果，以为开始行动就可以心安理得。比如，制定目标“每天坚持节食跑步，一个月内减肥 3 斤”。其中，结果是“一个月内减肥 3 斤”，行动是“开始节食跑步”。并非开始节食跑步就等同于达到目标，目标应以结果为基础而非行动。这是很多人为什么看似每天都在执行计划却毫无进步。明明每天都去图书馆看书，为什么到最后却还是考研失败、考公失败？因为他每天的目标是去图书馆学习，而不是今天要掌握哪几章的内容，理顺哪些知识的理论框架，看似很努力，其实都是无用功。

Time-bound，有时间限制的目标。考虑好目标的时间限制有助于区分短期目标、中期目标还是长期目标。比如，“我要定个小目标，先挣他一个亿”。这个“小目标”所需时长是多少？一年、五年、十年，还是五十年、一辈子、几代人？不同时效的目标有不同的计划，这是不可混淆的。

设定目标后，最重要的就是制订实现目标的计划。要想实现目标，应做好以下几点。

一是将大目标分解成几个小目标或阶段性目标，使自己有清晰的任务和步骤，通过逐个完成任务，实现小目标，最终实现大目标。

二是建立奖惩制度。你需要对自己的目标负责，如果按时完成任务，就想一个好办法奖励自己；若没能完成，也要给自己一定的惩罚。一个人的奖惩有时效果不好，不妨多拉几个伙伴加入，互相监督，互相激励，建立起监督机制，互相问责。

三是善于总结。当目标进行到一定阶段，如 25% 时，可以庆祝会或日记的形式做个里程碑激励自己。此外，还应定时做总结和回顾，查漏补缺，及时做一些调整。

复利思维的升华：坚持自律

虽然复利思维能够为我们的财富、能力等带来爆炸式提升，但为什么还有大量的人无法通过复利累积实现人生飞跃？复利增长趋势贴合指数曲线，指数曲线的特点就是先缓后陡。只有达到一定的时间积累，复利累积才能呈现爆炸式的能量。这就是问题所在。很多人虽然知道复利思维的强大，但是执行得一塌糊涂，靠着三天打鱼两天晒网的态度就指望财富爆炸，无异于痴心妄想、白日做梦。

要想打破这一副业路上的魔咒，必须自律。发展副业和公司上班不同，上班可以摸鱼，副业却万万摸不得。因为副业只对自己负责，自己做了多少，才会收获多少，这是谁也欺骗不了的。

科比的“你知道凌晨四点的洛杉矶是什么样子的吗”，成了无数人自我激励的箴言。很多人的健身计划总是半途而废，要么说气温太低不适合跑步，要么说雾霾太重不适合出行。其实，绝大部分理由只是自我安慰的借口，真正有追求的人即使没有条件也会创造条件。所谓自律，不过是把坚持变成习惯而已。

丹尼尔·科伊尔拜访了全世界最出名的科学家、艺术家、运动员，通过总结他们辉煌的成就，得出著名的“一万小时定律”。这个定律说，天才之所以是天才，并非天资超人一等，而是自律和坚持超人一等。任何领域，一万个小时的锤炼是从新手成为大师的必要条件。换句话说，只要你足够自律，在一个领域深耕的时间足够长，就能成为这个领域的大师。

一万个小时的定律提出至今，经受住无数的考验。无数的实例表明，这个理论是正确的。我国著名的乒乓球运动员邓亚萍在刚开始的时候连省队都进不去，因为她个子太矮，虽然球技还行，但是身高的硬性条件摆在那里，这成为限制她发展的最大障碍。教练认为以她的个子，再怎么练习也没有用，劝她放弃。

应该说，邓亚萍的先天条件并不好，更谈不上天赋，毕竟硬伤太过明显。但从小热爱乒乓球的邓亚萍显然不服气，既然身高不够，那就用速度弥补。为此，她每天坚持练习十几个小时，通过绑沙袋、负重 30 斤跑步的方式提高自己的速度。春去秋来，寒来暑往，她没有找过一个借口停止训练。最终，她不仅进入了省队、国家队，还拿下 4 枚奥运金牌、18 个世界冠军。

你说她天赋过人吗？不，她靠的是惊人的自律、日积月累的训练，最终完成凤凰涅槃。任何领域都遵循二八定律，头部 20% 的人赚走行业 80% 的利润。每个打算从事副业的灵魂都有一颗不安分的心，既然不想循规蹈矩赚死工资，那么就拼一把，利用副业冲到行业的前 20%，只有这样才能真正从副业中赚到钱，否则和上班挣工资有什么区别？

但不可否认的是，自律是一个筛子，过滤掉绝大多数想要通过副业赚钱的人。如何培养自律，成为副业能否成功的关键因素。

要想自律，首先要找到自律驱动力。很多人眼中的自律，就是每天按时看书、健身、工作。他们认为只要按照计划完成这些，就是自律。这其实是对自律的误解。每天看书、学习、健身、写作，不过是一种流程，就像流水线上一步一步完成任务。如果不能深刻意识到自律的驱动力，再怎么按照计划执行也不过是行尸走肉。而且，你很快会发现这样的日子有多么枯燥，放弃不过是一念之间的事。

人生就像射箭，目标就是箭靶子；如果没有箭靶子，那么每天的拉弓就毫无意义。遗憾的是，很多人把这样的每日拉弓当成自律的表现。每天努力学习不是目的，考上清华大学、北京大学才是。同样，对于做副业的人来说，每天上架下架货物、读书写作学习都不是目的，把副业做好并发展成事业才是。

因此，自律的第一步是找到自律驱动力。只有完成这一步，后面的一切行为才有意义。那么，如何找到自律驱动力呢？直面欲望和诱惑，并将其细化。比如，你想三年赚 100 万元，平均下来每月需要赚到 2.8 万元。为了实现这个目标，你可以考虑自己有什么技能、资源，如何利用自己的技能和资源赚到足够的钱。需要注意的是，2.8 万只是一个平均值，按照复利思维的增值方法，这 100 万元的目标很大概率上会有超过一半是在最后一年完成的。因此，在实现的过程中，无须急躁，这样才能平稳地度过开始阶段。

此外，列出自律路上可能出现的诱惑，如游戏、拖延症等。当这些诱惑出现时，考虑它们对目标的影响，相信会促使你更加自律。比如，很多健身的朋友，每当想吃汉堡的时候，心里想想汉堡的热量，需要慢跑 50 分钟来抵消，估计就会重新考量这个诱惑了。

第二步，强化及时反馈。游戏为什么吸引人？就是因为及时的反馈刺激大脑多巴胺的分泌，让人总想再来一次。因此，对于副业路上的每一点进步，都应庆祝，并把它记录下来。比如，每天完成多少工作量，只要保质保量按时完成，就应给自己记上一笔，告诉自己离目标更近一步。坚持一天、两天、连续多天后，当有一天你萌生了放纵的想法，看着自己连续一个月、两个月的打卡记录，估计会于心不忍让这些坚持付诸东流。只要长久地坚持下来，自律就变成一种习惯，无须耗费多大的意志力便可轻松完成。

当然，长久的、毫无变化的生活难免让人心生厌倦。因此，为了自律行为能够持久，在不影响最终目标的情况下，可以适当地变换方式，让自己的生活更加丰富多彩。比如跑步、搏击等，都是非常不错的选择。一方面，可以增强体质，让自己有更多的精力投入工作；另一方面，是对身心的极大放松，从无休无止的脑力工作切换到体力工作。在改变生活方面，没有固定的模式，只要不影响最终目标的实现，适合自己的就是最好的。

只要把自律变成习惯，使其融入生活，长此以往，复利思维必然展现出其应有的力量。

第⑥章 “网络副业”——只有想不到，没有赚不到

在互联网和个人终端未普及前，绝大多数的副业需要在外奔波，还受到时间、地点的限制。但是随着互联网和个人终端的普及，人们足不出户、随时随地就能经营副业。这类依靠互联网发展的副业，称为“网络副业”。

互联网衍生出许多行业，各个行业对人才都有很大的需求。可以说，网络副业千千万，只有想不到，没有赚不到。

网络副业——给你边学边做的机会

做副业的目的是什么？有些人是为了赚取额外的收入，有些人是因为兴趣，或是打发多余的时间。对于为主业在外奔波一天的人群来说，如果想做副业，必然不愿再在外奔波，最适合的莫过于网络副业。

什么是网络副业？它是指因网络便利而发展出来的副业。那么，网络副业有什么前景？

网络副业依附于互联网，拥有庞大的用户群体。互联网就像虚拟的世界，现实世界中的人在虚拟世界都有一个映射，因为不管是手机用户还是电脑用户，都可以进入互联网的世界。以销售类的网络副业为例，互联网中庞大的用户群都是潜在的顾客，所以它极占优势。

做网络副业不拘泥于地点，足不出户也能获得收入。互联网就像巨型的蜘蛛网，覆盖全球的每个角落。天南和地北的两个人通过手机、电脑以及其他通信工具，就能够达成交易。比如，PS、绘画等的技能类网络副业，可以在互联网中建立一个虚拟的商铺，当有客户下单，可以利用网络向客户发送完成的订单，达到足不出户变现的目的。

网络副业的门槛低，普通人也可以加入。网络副业的项目很多，大多没有硬性的条件限制，如网络销售，只要懂得使用手机，就能够发展出副业。我们在微信朋友圈中时常看到有微信好友分享购物链接，当通过该链接下单购买，对方就会得到一定的佣金，积少成多，也会非常可观。

互联网的发展和移动设备的普及，使得新兴行业如雨后春笋般纷纷冒出，如电商平台、直播平台、新媒体平台等，都有着大量的岗位缺口。只要有做网络副业的想法，在这些职业中，总能找到适合自己的。

通常来说，网络副业可分为以下几种类型。

第一，技能类。技能是一种能力，也是一种技术，也就意味着不是人人都会，如绘画、外语等。技能类的网络副业有门槛要求，但收入高，稳定性强。比如，某在线英语教育平台对英语口语陪练的人才有极大的需求。那么，英语口语优秀的人可以在该平台上注册，完成相关考核。注册成功后，可以对自己的陪练时长定价，等待顾客下单。

第二，新媒体类。目前，比较火热的有短视频、直播、自媒体等新媒体行业。

短视频，即短片视频，一般是指在互联网新媒体平台上传播的时间简短的视频。现今比较火热的短视频平台有微博、秒拍、快手、抖音等。截至 2020 年 6 月，我国的短视频用户规模高达 8.18 亿，每人每天会花费近两小时观看短视频。这就意味着，通过拍摄短视频吸引粉丝，可以实现流量变现。

比如李子柒，她是知名的美食类短视频创作者，她的短视频吸引了成千上万的粉丝。她通过开网店、公司，将线上粉丝流量实现线下变现。当然，如果能将网络副业做到这个地步，它完全可以变成主业。

直播也属于视频类，分为带货直播、游戏直播、才艺直播等。比如带货直播，通过互联网平台以直播技术对商品进行线上展示、销售。如果家中有农产品和口才非凡的人，就可以此作为副业，通过兜售商品获得收入；游戏直播、才艺直播建立在兴趣爱好的基础上，通过对游戏的讲解、才艺的表演获得观众的打赏。需要注意，如果签约了直播平台，很有可能受到直播时间的限制，直播时间过长，则会影响到主业。

自媒体是指普通大众通过网络对外发布实时、新闻的传播方式。比如在某新闻平台上，文章的点击量、视频的播放量超过一定数量时，就会得到平台的报酬。此外，自媒体账户的粉丝数量众多时，也可实现流量变现。

新媒体类网络副业的优点是门槛不高，但与之相伴的是不确定性，因为前期需要花费大量的时间和精力去经营，最后也不一定能得到报酬。

第三，写作类。如果对写作有着强烈的兴趣，可以选择写作类的网络副业，如网络文学、软文创作等。写作类的网络副业有一定的门槛，竞争较为激烈，收入悬殊极大，对耐心和精力的投入也有一定的要求。

第四，销售类。可以说，网络销售成为当今销售业的主流。人们在家中就可以购买到天南地北的货物。所以，网络销售很有发展前景，也成为很多人的网络副业。

网络销售分为无货源销售和有货源销售两种。无货源销售就是手上没有商品，简单点说，就是倒买倒卖，赚取差价。比如，可以在某购物平台上注册一个虚拟店铺，将其他平台的商品放到自己的虚拟店铺中提高价格销售，如此赚取差价。又如，某些购物平台只要推荐下单就能抽取佣金，我们只要在社交账户推广，成交一笔，便能获取一笔佣金。

有货源销售是指手上有商品，利用网络渠道销售商品，赚取利润，如微商。举个例子，某宝妈在哺乳期间时间充裕，想要发展网络副业，赚点奶粉钱，于是选择成为某款婴儿纸尿裤的代理商，以低于市场的价格拿到一批产品。这批产品，她一边自用，一边通过微信或其他社交账号以略低于市场的价格对外销售，赚取利润。需要注意，选择以有货源销售作为网络副业，一定要选择真实、可靠的产品，否则不仅赚不到钱，还会亏本。

网络销售的门槛不高，且可以利用零碎时间经营。经营得好，收入不会比主业收入低。

第五，资源分享类。互联网的资源是人们一点点完善起来的。我们在互联网中上传资源，也可获得报酬，如百度知道、知乎等平台，回答提问者的问题就能获得报酬。可能很多人会持这样的疑问：我不是百科全书，怎么可能回答每个问题？其实，我们不需要成为百科全书，整合互联网上零碎、分散的资源，将其分享给有需要的人，就是帮助他人解决问题，自己也能获得报酬。

资源分享类的网络副业，收入的多少与自己的能力息息相关，如果你能回答报酬高的问题，获得的收入就更高了。

网络副业有很多，只要能想到的，在网络上都能找到。当然，在你选择网络副业时，要做好边学边做的准备。因为绝大多数的网络副业，我们接触的并不多，了解的仅仅是皮毛，想要做好做精，赚取丰厚的报酬，就要投入精力去学习、经营。

找准“网络副业中心”

网络副业千千万，只要用心，总能找到适合自己的。投入网络副业很简单，但想要将网络副业经营得有模有样，就不那么容易了。因为不管是现实中的职业，还是网络中的职业，同一职业收入悬殊，真正高收入的人群只占少数。

那么，如何成为网络副业中的高收入人群呢？答案是找准网络副业中心。什么是网络副业中心？其实就是网络副业的重点所在。具体可以围绕以下问题阐释网络副业的中心。

第一个问题：你能投入网络副业的时间是多少？

副业是利用主业外的时间来做的，对时间有所要求。如果投入的时间很少，肯定做不出效果，有时投入时间的长短也决定了收入的多少。如果做副业的目的是赚钱，必须确保投入网络副业的时间是充足的。为此，做网络副业前，要先保障你有足够的时间投入网络副业中。

第二个问题：你是否有足够的耐心与自觉性经营网络副业？

不同于现实中的副业，网络副业全靠耐心和自觉去经营。如果总是三天打鱼两天晒网，做网络副业就失去了意义。所以，选择做网络副业前，要先自审是不是有耐心的人，自觉性强不强。

第三个问题：你对网络副业的定位是什么？

付出和回报往往成正比，如果妄想以极小的付出获得极高的回报，显然是不现实的。所以，做网络副业前，需要对网络副业的回报做一个定位。比如，你期望网络副业每月带来的收入是 5000 元，就要投入与收入相对应的付出。

第四个问题：你选择的网络副业适不适合自己？

网络副业很多，非常赚钱的不在少数，关键是这些能赚钱的网络副业适不适合你。如果不适合，选择后的结果是时间和精力都打了水漂，甚至是投进去的钱都收不回来。所以，选择网络副业前，要慎重考虑。

那么，从哪个方面考虑呢？首先要考虑你掌握了哪些技能。网络副业中，有技术含量的副业门槛高，稳定性强，选择自己技能最强的一两项作为网络副业，能够轻松实现赚钱的目标。如果没有突出的技能，可以选择自己感兴趣或是能够学会的职业作为网络副业，如修图类工作，在现实中找个培训机构学习如何修图，待掌握技能后就可投入网络副业的行列。

其次，选择的副业最好具备可持续发展性。我们既然决定经营副业，必然希望能长久地做下去。如此，选择网络副业时，就要考虑是否具有持久性这个特点。如果三天两头找网络副业去做，跨度太大，肯定会对主业造成影响，如此便得不偿失。

最后，考虑所选择的网络副业门槛如何。门槛高且有与门槛相等的能力，副业会经营得有声有色；如果门槛高且与能力不相等，或是门槛过低，这门副业的前景也会很不乐观。

第五个问题：你预期投入网络副业的资金是多少？

网络副业中，很多需要先投入资金，后期得到回报。比如有货源销售，需要自己先进一批货，通过网络卖掉，才能有所收益。此外，投入资金的多少决定网络副业的收益。同样以有货源销售为例，高资本投入后，拿到的货源价格会很低，货源也有多种。所以，考虑投入网络副业的资金数额多少也很重要。

在向网络副业投入资金前，需要考虑投入的资金是否影响自己的生活、是否在承受范围内等诸多问题。

第六个问题：你是否做好了网络副业失败的心理准备?

网络副业中，很多项目存在风险，投入时间、精力和金钱，不一定能够获得回报。所以，做网络副业前要有心理准备。靠网络副业赚到钱固然欣喜，投资失败或迟迟赚不到钱，也不要沮丧，有一颗强大的心，才有可能将网络副业做得风生水起。

第七个问题：当网络副业的营收远超过主业，你是否愿意放弃主业?

很多时候，无心插柳柳成荫，当网络副业风生水起，收入远远高于现实中的主业，且花费在主业中的时间与精力不足时，就需要考虑在网络副业和主业中选其一。比如某知名带货主播，原本是美妆产品的柜姐，意外从事化妆品带货直播的副业。当副业收入稳定，且远超主业时，她选择辞掉主业，专心经营网络副业。所以，我们选择经营网络副业时，要有抉择主业与副业的心理准备。

当然，网络副业的中心点很多，等真正投入其中，你才会发现需要考虑的东西也很多。以上提到的，仅仅是最基础的。

千里之行始于足下，做任何事情都要有所准备。做网络副业前，需要找准网络副业的中心点。这就好比两军对垒，找到敌军的阵眼，才能将其击溃，而网络副业的中心就是敌军阵眼所在。

直播副业：不可预估的收益

当下最赚钱的网络副业是什么？直播无疑名列前茅。什么是直播？是指实时播放。那么，直播是怎么赚钱的？你能否把直播作为网络副业？我们怎样经营好直播副业呢？

说这些重点之前，我们需要先了解一下什么是直播。

科技是第一生产力。当卫星技术与数字电视相结合，直播便诞生了。最早的直播是数字电视中的频道直播，内容有购物直播和游戏直播，后来又发展出电脑 PC 端直播，YY 直播是第一批直播软件。

2011 年，因为电子竞技游戏的火爆，游戏直播风靡全球。之后，电脑 PC 端直播平台相继而出，比较知名的有斗鱼 TV、虎牙直播，等等。随着移动互联网的发展，直播平台从电脑 PC 端搬到移动客户端上，即用下载直播软件后，在手机上就能观看。

现今，直播已经发展成一种新兴产业，内容也从单一发展到多元，包含购物、游戏、生活、旅游等众多领域。目前，直播行业仍处在发展中阶段。

直播能够缩短人与人交流的距离，丰富人们的生活，以致带动出惊人的经济效益。如果把直播作为网络副业的话，该如何赚钱呢？

以直播带货为例：A 是一个幽默且口才极好的人，在某社交网站上有大量的粉丝。A 萌生了以直播带货为网络副业的想法，并对外发布了相关信息。某企业看到 A 发布的合作信息，考察 A 的影响力后，最终与 A 签订每卖出一件产品就给其多少提成的协议。

又如，B 在某购物平台上看到某商家在招募带货主播，他看到自己十分符合招募条件后，决定以直播带货作为副业，并向该商家应聘。应聘成功后，B 与商家谈好报酬，开始直播带货。

以游戏直播为例：C 非常喜欢玩游戏，并很有天赋。看到不少玩家给他留言求打游戏的技巧时，他萌生了直播游戏的想法。C 在直播游戏的过程中，获得很多玩家的打赏。他见收入不错，便以此作为副业。

现实生活中，绝大多数主播是普普通通的，但因乘上直播的直通车，实现了发家致富。看到网络上“某某主播年收入过亿”“某某主播在北上广买下别墅”这样的新闻后，很多人蠢蠢欲动，产生以直播为副业的想法。

进入直播行业的门槛不高，但我们需要面对的现实是：你能否在这个行业中脱颖而出？

因为直播行业对主播的要求并不高，人人都可以成为主播。然而任何一个行业，真正能赚到钱的永远只占少数。所以，直播行业的竞争是残酷的。如果你既没有口才，又没有学识，甚至连观众缘都没有，便很难在这个行业中掀起水花。最终，花费了大量的时间与精力，到头来一分钱都没有赚到。如此，以直播作为网络副业的决定就是失策、盲目的。

所以选择以直播作为网络副业前，我们需要审视自己是否有潜力成为优秀主播。那么，成为优秀主播的条件是什么呢？

第一，是否十分精通某个直播领域。

直播内容是多元化的。在不同的直播领域，收入高的主播对其直播的领域必然无比精通。比如，你想要成为游戏主播，就要对游戏精通，而这个精通更多的是指操作技巧。只有你向观众展露出在游戏上的天赋和实力，观众才有可能成为你的粉丝，并为你打赏。因此，选择直播副业前，需要想一想你对哪个直播领域精通。只有找到自己擅长的，才有可能成功。

第二，是否具有出众的口才和应变能力。

仅对某个直播领域精通并不行，要知道直播最考验人的是口才和应变能力。直播间或许只有你一个人，但观看直播的观众可能有成千上万人。我们想要保证观众的在线人数，就需要用出众的口才吸引他们留下。那么，直播的时候，说话要幽默有趣、有深度。

此外，每个直播间总有一些刺头在捣乱，或是直播时出现突发状况，只有应变能力强，才能化危为安，化复杂为简单。所以，当你决定以直播为副业，如果口才不佳或缺乏应变能力，就要想方设法提高口才和应变能力。

第三，是否具有观众缘。

什么是观众缘？简言之，就是被观众喜爱的程度。观众缘很玄乎，与个人的长相、气质、言行等息息相关。当这些方面给人的感官是舒适的，就能获得他人的喜爱。所以，你的观众缘直接决定你能否成为优秀的主播。

第四，是否具有强大的承受能力。

收入越高的职业，面临的压力越大。投入直播副业后，面临的压力很多，如直播带货，你需要面临是否有人观看你的直播、货能否卖出去的压力等。最重要的一点，直播间是一个鱼龙混杂的地方，会碰到很多"键盘侠""杠精"，面对这类不友好的观众，必须有一颗强大的心。

直播门槛不高，我们既然选择了投入直播副业，成为主播，就要对自己有所要求，使自己在直播路上越走越远。

大众副业：人人都是自媒体

互联网未普及前，媒体由少数从业者掌控，如新闻是由记者或新闻机构发布的。一篇新闻往往需要多人分工合作，经历采集信息、编辑信息、发布信息等过程。随着互联网与终端的普及，诞生了很多新媒体平台，自媒体得以发展起来。

什么是自媒体呢？它是指普通大众通过输出终端在新媒体平台上对外发布信息的传播方式。

当自媒体发展到一定阶段，又衍生出广义自媒体和狭义自媒体两个概念：广义自媒体是指以群体、企业为单位进行内容创作和信息发布，账户属于企业或集体；狭义自媒体是指个人进行内容创作和信息发布，账户属于个人。

自媒体的定位是“自我言说”，如一篇新闻，素材采集、内容编辑、信息传播都由个人完成。这就意味着，在这个时代，人人都是自媒体，自媒体也成为人人可以从事的网络副业。

当下的自媒体平台有哪些呢？自媒体是如何赚钱的呢？如何能够成为出色的自媒体人呢？我们将一一阐述。

自媒体平台经历了由一枝独秀到百花齐放的发展过程，这与自媒体的发展阶段息息相关。在自媒体初始化阶段，最早的自媒体平台是 BBS（Bulletin Board System）。这是一个网络论坛，用来发布与股市有关的信息，后来发展成行业交流平台。

在自媒体雏形阶段，又发展出博客、个人网站等自媒体平台。这时候个人终端还未普及，鲜少有人意识到自媒体可以盈利。随着互联网发展和个人终端的普及，自媒体崛起，平台也百家争鸣，有门户网站、微信公众号、微博、电商平台、视频网站、直播网站等。当人们意识到自媒体可以盈利后，越来越多的人投入自媒体运营，成为自媒体人。

如果选择以自媒体作为副业，最关心的还是自媒体如何盈利？通常来说，自媒体主要有以下几种盈利方式。

第一，广告收益。比如，A 是一名美食爱好者，平时会在微博发布与美食相关的信息，并吸引到上千万粉丝的关注。某食品企业看到 A 的影响力后，找 A 为企业产品做推广。A 在微博账户上发布企业产品广告时，就会收到企业支付的广告费。

第二，付费订阅。比如，B 入驻某视频网站，他是一个很有才华的人，每天都会在该视频网站上连载动漫视频，吸引了很多人观看。B 看到自己连载的视频十分火热后，将视频设置成付费订阅模式，即观众想要看 B 发布的视频，必须付费。

第三，打赏。很多自媒体平台有打赏功能，如新浪微博、微信公众号等，只要我们发布的文章和视频足够优秀，就能获得观看者的打赏。

第四，流量线下变现。比如，C 入驻了某短视频网站，因为发布的短视频幽默搞笑，吸引到大量的粉丝。他在现实中有一片果林，在自己的账户发布兜售水果的信息后，粉丝争先恐后下单。这个过程，即为线上流量线下变现。

自媒体发展至今，它的表现形式呈现出多样化，有视频、音频、文字、图片等，我们在运营时可以自行决定发布内容的形式。只是，在这个人人都可以自媒体为副业的时代，我们如何才能脱颖而出呢?

需要明白，自媒体运营极其耗费时间，想要获得流量、维护流量，就要做到每天按时发布一定有质量的内容。我们在选择以自媒体作为网络副业前，要统筹好时间，有足够的时间创作内容。

另外，人人都可以成为自媒体，使得自媒体行业水深、竞争激烈，所以要做好迎接激烈竞争的心理准备。运营时也会遇到诸多困难，甚至很长一段时间得不到回报，这时候要有强大的心理承受力和不畏惧失败的心理准备。

进入自媒体行业前，我们需要精确定位。要知道，每位常胜将军从来不会打没有准备的战，他们的每场战役都是深思熟虑、精准计算的。做自媒体时，也要做好精准定位，这样才能立于不败之地。

那么，我们要做哪些方面的精准定位呢?

第一，精准定位是个人运营，还是加入企业、集体运营。如果选择个人运营，就要有一人完成多项工作的意识；如果选择企业运营，只需做其中某项工作。此外，在时间和精力上，也会有差异。

第二，精准定位自己运营的领域。如果随意选择一个自己不熟悉或不擅长的领域去运营，如同在一条黑灯瞎火的路上行走，看不清前路，随时有摔倒的可能。选择一个自己熟悉且擅长的领域运营，如同走在一条明朗顺坦的大道上。此外，选择自己喜欢、擅长的领域运营，也会令自己动力十足、信心满满。所以，精准定位自媒体运营的领域是十分必要的。

第三，精准定位自己的技能。自媒体运营的形式多种多样，需要掌握视频的拍摄和剪辑、图片剪辑、文字撰写等技能。如果我们对这些技能不精通，就需要耗费时间学习。

第四，确定好自己入驻的自媒体平台。当下自媒体平台种类繁多，选择前要考量每个平台的用户数量、机制完善度，以及偏爱的内容领域等，找到适合自己的，才能长久地生存下去。

内容创作是做自媒体最重要的，因为只有好的内容才能吸引他人的关注，获得流量，赚取收入。那么，什么样的内容才称得上优质呢？不同的自媒体平台对内容有不同的要求，但内容运营无外乎要具备这样几个特点。

首先，原创性。所谓原创，是指独立完成的创作。观察那些优秀的自媒体，会发现其发布的内容都是原创，也因原创，其在粉丝心中有着举足轻重的地位。抄袭的内容则会令人觉得低端，莫名排斥、厌恶。所以，为了能够将自媒体当作为长久的网络副业，从发布第一篇内容时就要遵循原创性的原则。

其次，新颖性。好看的皮囊千篇一律，有趣的灵魂万里挑一。做自媒体内容运营，不需要多么华丽的文笔，但是发布的内容要新颖有趣，这样才能吸引到粉丝，并留住粉丝。

最后，丰富性。丰富是指内容发布的形式和内容。在内容发布的形式上，我们既可以用视频、图片、文字等单一的方式，也可以用文字加图片、文字加视频等相结合的方式，因为形式的丰富能够吸引到更多人的关注。内容上的丰富，能给人饱满感，有可读性。

自媒体运营的要点太多，具体如何运营，可以加入网络论坛，也可购买工具书去了解。多了解自媒体运营的知识，才能在这个网络副业上少走弯路。

有声副业：小众产业也有大缺口

这是一个快节奏的社会，很多人忙碌了一天会刷一刷短视频，或是戴上耳机用听的方式“浏览”新闻信息，以此放松自己。所以你会发现，地铁里、咖啡厅，不少年轻人的耳朵上都塞着耳机。

因为人们对声音有所需求，互联网有声行业很有发展前景，所以这是一项不错的网络副业。虽然有声行业是小众产业，但缺口非常大。据相关统计，按照目前社会发展和个人终端的普及，在未来几年，互联网有声行业将会出现30万~50万的人才缺口。

从前，人们想要靠单纯的声音赚钱，是比较困难的，只有做歌手、演员、主持人等行业才可以。但是互联网的发展，我们用声音也可赚取到不错的收入。那么在互联网上，哪些职业以声音为主呢?

比如声音主播。这类职业是在线用声音直播，像电台主播，他们会和听众聊天，如果懂乐器、唱歌好听的话，也可给听众表演才艺。又如配音。现代生活节奏很快，人们疲惫时不想再用眼去看新闻或其他文章，所以这些文章都被配音工作者录制成有声读物，一些小说也被录制成有声小说。

那么，配音副业是如何赚钱的呢？主要有以下几种方式。

第一，录制有声读物。在专业的配音平台上，有大量的配音任务，如为小说、诗歌、动漫、视频等作品配音。以小说为例，当一本小说非常畅销时就会出有声版本，需要有人配音，我们则可以按照时间或字数收取配音费用。

第二，广告合作。听过汽车广播的人知道，电台在节目过程中会植入广告，或是直接播放广告，广告商则会支付一定的广告费。互联网上也有不少电台，如蜻蜓 FM、喜马拉雅 FM，只要节目有一定的听众，就会有广告商来合作。

第三，粉丝打赏。和视频直播一样，声音足够动人，也能获得粉丝的打赏。比如，在某 K 歌软件上，有人翻唱或原创的歌曲非常动听，粉丝就会打赏。

第四，付费节目。比如入驻某个电台，将自己主持的栏目打造成品牌节目，电台在看到栏目的价值后就会主动签约，支付主持的费用。当然，也可以设置成收费节目，想要收听，要先支付费用。

成功的互联网声音工作者，收入是非常可观的，并且很多声音工作者是将配音当作副业，这是因为配音副业的时间自由，没有工作场地的限制，只要家中有配音用的设备，就可以随时随地工作。

那么，配音副业是不是如自媒体一样，也是一门大众副业呢？

配音副业的门槛虽然不高，但也是有条件的。尤其是作为优秀的声音工作者，他的声音条件必须好。

所谓声音条件好，不是说声音要像央视主持人那般优雅动听，只要有特色，都能够在互联网有声行业中闯出一片天地。要知道，我们所处多元化的社会，不管你是甜美软萌的嗓音，还是低沉有磁性的嗓音，或是亲切感十足的地方特色口音等，都能获得他人的青睐。

不过，为了能够从众多的互联网有声工作者中脱颖而出，我们需要提升自己的业务水平。

首先，吐音上要准确而清晰。尤其是在为有声读物配音时，首先对读准和读清晰文字有很高的要求。所以，如果你的声音条件不错，并且打算加入互联网有声行业，就要扩充自己的识字量，多多咬字。

其次，如果想要在互联网有声行业中承接更多的业务，必须掌握不同的声音风格。以为小说配音为例，众所周知，一本小说中有很多角色，且每个角色性格、风格各异。当小说的配音丰富多彩时，才能引人入胜，吸引更多的人付费听阅。如果我们有不同风格的嗓音，主动权就掌握在我们的手上，我们可以选择承接更多的业务。如果我们的风格单一，就处在被动的位置，一来承接的业务少，二来会被他人选择。

此外，选择任何副业，都要有付诸实践的准备。配音副业虽然没有固定的工作时间、地点，但也需要花费时间。所以，选择进入互联网有声行业前，就要统筹好自己的时间。我们投入的时间越多越稳定，才会将这门副业做得有模有样。

现实生活中，很多觉得自己声音条件不错且业余时间多的人，会萌生出进入互联网有声行业的想法，但因对这个行业了解不多而找不到入行的法门。怎么加入互联网有声行业呢？

目前，互联网中与声音挂钩的平台高达上千个，按照类别主要分为以下几种。

第一，有声读物平台。这类平台类似文学网站，有许多类别的书籍，不同的是，这些书籍是有声版本。目前比较知名的有声读物平台有懒人听书、掌阅听书等。这些平台对配音人才的需求量大，报酬是按照时长、嗓音条件、在配音行业的知名度等综合条件来支付的。

第二，音乐音频平台。这类平台以发表音乐作品为主。如果你喜欢音乐且有一副好嗓子，就可以在音乐平台上发布自己的音乐作品。比如网易云音乐、全民 K 歌等，在平台注册个人账户后就能发布作品。如果你发表的是原创作品，可以设置成收费歌曲，即听众花钱购买后才能听。如果是翻唱作品，则可以开通打赏功能。当听众的打赏到达一定数额，就能够提现。

第三，电台节目平台。过去，想要成为一名声音主播，只能进入广播电台，但随着互联网的发展，在蜻蜓 FM、喜马拉雅 FM 等平台注册后，就能开启自己的电台主播之路。所以，如果你想要做电台节目，可以选择入驻这些平台。

第四，视频配音。我们除了给书籍配音外，也可以给视频配音。要知道，互联网上每天会诞生成千上万个视频，很多视频需要后期配音。通常，这些配音工作会发布在论坛、社交网站上，如百度贴吧、豆瓣论坛等。以百度贴吧为例，在贴吧内搜索"配音工作"，就会出现很多内容。当然，我们也可以将自己的配音作品和联系方式发布到论坛和社交网站上，或是在淘宝上开一个帮别人配音或录音的网络店铺，等待他人联系我们。

需要注意的是，不管是找配音工作，还是他人联系我们，都需要辨别工作的真假，谨防诈骗，因为你看不到与你交谈的是怎样的人，究竟是好人还是坏人。所以，在互联网上做副业，一定要提防、提防、再提防。

写作副业：从爱好中获得财富

不论是过去还是现在，鲜少有人将写作当成主业，人们更多的是将其当作副业来对待。原因是什么呢?

首先，写作收入不稳定。写作不同于其他副业，有付出就会有回报。很多时候，我们付出大量的时间和精力是得不到回报的。比如，花几天时间写了一篇文章，只有需求方看中，才会有稿费收入，如果看不中，这篇文章将继续默默无闻。所以，收入上的不稳定，使得人们无法将其当作主业。

其次，写作需要灵感。因为有了灵感，才会下笔如有神，写出来的内容才会一气呵成，才更能打动人。没有灵感，写作时会难产，内容也会不尽如人意。然而，灵感不是时刻都有的，有时候，一个月甚至一年都不会有灵感。灵感的匮乏会使人无法继续写作，因此无法将写作当成主业。

最后，写作基于爱好之上。写作是枯燥无味的，它需要有兴趣爱好的支撑，才能长久地进行下去。倘若没有兴趣爱好的支撑，每天都需要写作，很快就会产生抗拒心理。所以，现实中，人们更多的是将其当作副业。

过去，人们想要通过写作赚钱是比较困难的，一来写作内容单一，二来投稿渠道稀少。那个时候，选择以写作为副业的人不多。但是随着互联网的发展，写作内容丰富起来，用写作赚钱的渠道也多了很多，写作发展成为很多人的网络副业。

那么，怎么用写作这门副业在网络上赚钱呢?

第一，投稿。互联网没有发展起来前，很多人有将写作当作副业的想法，奈何没有投稿渠道。因为杂志社、出版社等传统媒体会将投稿地址印刷在杂志、报纸上，不接触杂志或报纸的人自然了解不到投稿渠道。但是随着互联网的发展，传统媒体会将写作要求和投稿地址发布到网络上，我们只需在搜索引擎上搜索知名杂志的官方网站或社交账号，就能根据要求写作、投稿。通常，传统媒体是按照千字结算稿费，具体稿酬根据文章的质量决定。

第二，写网文。在中国网络作家财富排行榜上，版税收入是以千万来计算的，可见写出一本优秀的网络小说是多么赚钱。因此，很多人选择以写网文作为副业。现今互联网上的文学网站很多，比较知名的有起点、腾讯书城、晋江文学城等，只需在这些网站注册成为作家，就能发表作品了。

一篇网文赚钱的渠道很多，如付费订阅，即小说被设置成VIP 作品，想要阅读必须支付一定的费用。又如出版，当小说在网络上非常火爆，有很大的阅读量后，一些出版社看中其价值和影响力，就会进行实体书出版，作者则可以获得出版费。此外，出售游戏版权、影视版权，都能够赚到钱。写网文的确很赚钱，但前提是写的网文有市场。倘若没有市场，也赚取不到稿费。

第三，写软文。很多企业为了推广产品，会经营公众号，或是对外宣传。如果强硬地植入广告，会令人反感，软文题材就诞生了。软文中也含有产品推广和宣传，但采用的是润物细无声的方法，令人不易察觉。有需求就会有写作的市场，我们可以根据企业需求写软文，通常在企业公众号上就可以找到征稿信息和投稿地址。

第四，自媒体运营。自媒体运营的形式多种多样，文字是其中一种。我们可以根据自己的特长在自媒体网站发布文章，如果文章的阅读量高，就能赚到稿费。当自媒体账号有一定数量的粉丝后，可对外承接广告业务，这也是一笔不错的收入。

通过写作，确实能够赚到钱，但不是你写了，就一定能赚到。因为写作这门网络副业的门槛不高，但也是有所要求的。我们具备了什么样的条件后，才能靠写作赚到钱呢？

首先，具有一定的文字功底。我们站在阅读者的角度看一篇文章，当这篇文章错字连篇、处处可见病句时，必然没有继续阅读的欲望。如果这篇文章出自某个自媒体账号，可能还会将它拉黑，因为糟糕的文章会使人的心情变得糟糕。

就写作而言，不管是通过何种渠道赚取稿费，最基本的要求是具有一定的文字功底。这里的文字功底并非指辞藻华丽，而是说语句通顺，写出来的内容令人感到舒适。我们提升写作能力的渠道有两个，一是多阅读有深度、有文字功底的文章，二是在平时多练一练笔，通过读和写，提高自己的写作能力。

其次，根据自己擅长的写作方向寻找赚取稿费的渠道。每个人都有擅长写的题材，只有将我们擅长写的东西投到对的渠道中去，才能赚取稿费。如果投的渠道不对，即使写得再好，也赚不到稿费。因此，选择以写作当网络副业前，要先找到自己擅长写的题材或领域，再找到对的渠道。比如，你非常擅长写散文和故事，可以将稿件投给青年文摘、故事会这类杂志。

再次，写作时要有耐心。现实中，不乏才华横溢的人，有人确实能做到如曹植般在七步内作一首诗，但更多的人还是靠时间琢磨出一篇好文章。所以，想要以写作当副业，必须要有耐心。

最后，将写作培养成兴趣爱好。兴趣是最好的老师，没有兴趣的支撑，写出来的文章是缺乏灵魂的，是东拼西凑的结果。在写作这个市场上，也是缺乏竞争力的。所以，我们可以试着将写作培养成自己的兴趣、爱好。

当我们由衷地喜欢上写作，没有强烈的依靠写作赚取财富的念头时，这时候写作就发展成兴趣爱好了。

线上教育副业：是骡子是马拉出来遛一遛

中国是重视教育的国家，教育行业在市场经济中占有很大的份额。现实中，各类教育辅导机构也是数不胜数。尤其是随着互联网和个人终端的普及，线下教育逐渐发展成线上教育。

数据分析，2020 年，线上教育用户高达 3.5 亿，经济效益高达数千亿元。可见，将线上教育作为一门副业是非常具有前景的。

那么，什么是线上教育呢？线上教育又称为在线教育、远程教育，是指依靠网络的学习行为。

线上教育为什么有广大的前景呢？原因有多个，如线上教育不耽误学习进度。以学生为例，比如沿海地区，每年都会受台风影响而停课，停课越久就越耽误学习进度，而在线教育让学生在家就能听老师讲课，跟上学习进度。

线上教育十分便捷，它不受时间与地点的限制。在互联网和个人终端没有普及前，人们想要学习某项技能，只能到现实的教育辅导机构与教师面对面学习、交流，随着互联网和个人终端的普及，天南地北的人通过网络就能学习或交流。只要师生商量好，任何时间、地点都能沟通。

线上教育使得教育资源更为均衡。在不同的地区，有的教育资源匮乏，有的教育资源严重饱和，而线上教育可以使教育资源平均化。简单点说，就是教育资源匮乏地区的学生，在线上能够找到丰富的教育资源，更好地学习。教育资源严重饱和的地区，也能够在在线教育这个行业中发光发热。

线上教育资源十分丰富。过去，我们要学习某项冷门的技术，需要四处打听拜师学艺，但是现在不管你想要学习什么，只要在线上教育平台搜索一番，就能找到教育资源。

可见，在线教育是顺应时代潮流发展的产物，它具有广阔的前景是在情理之中。相较其他网络副业，如自媒体、写作副业等，线上教育副业是具有门槛的，不是人人都可以去做的。因为你是骡子还是马，出去遛一圈就能被人识别出来。所以，当你的线上教育缺乏专业性，就不会有市场空间。

成为线上教育者，需要具备哪些条件呢?

第一，需要具备一项专业技能。线上教育资源丰富，不管是何种技能，只要有人想要学习，都会有市场空间。所以，并非精通语文、数学、外语等学科的人能够从事线上教育工作，只要掌握任何一项专业技能，就能够从事线上教育工作。比如，你精通 PS，可以通过网络传授学生 PS 的技能；又如，你非常擅长编织，可以在线传授学生编织的技巧。

第二，需要精通做网课的软件。线上教育模式分为多种，有的是纯语言教学，有的是用 PPT 课件来教授。所以，想要成为优秀的线上教育者，必须精通做网课的软件，如 PPT、EV 录屏等，丰富教育模式，才能在市场中站稳脚跟。

第三，需要具备清晰的逻辑思维和语言表达能力。线上教育与线下教育的不同之处是，它能够更为真实地面对面交流，线上教育则是虚拟的交流。但不管线上还是线下，师生都需要交流。所以，线上教育对教师的口语表达能力、逻辑思维能力等，都有所要求。

第四，需要考取相关证书。成为教师的前提是，你需要考取教师证和专业技能证，才能向他人证明你具备授课的资质和能力。尤其是教授语文、数学、英语等专业性较强的课程，必须要有资格证书。我们加入一些在线教育平台时，也需要审查资格证书。只有审查通过，才能成为线上教育工作者。

第五，需要充足的授课时间。学习需要日积月累，尤其是学生想要在某门学科上取得不错的成绩，就需要持之以恒地学习。我们既然选择做线上教育的副业，就要统筹好时间，不要三天打鱼两天晒网，因为当学生看到作为教师的你总是不在线，或是觉得自己没有明显的进步，就会选择中断课程。所以，为了让线上教育成为一项稳定的网络副业，秉承对学生负责的态度，我们需要有充足的时间授课。

当你具备成为线上教育者的条件后，摆在面前的是，如果做线上教育，通常采取以下两种方式。

首先，自建线上教育平台。翻看朋友圈、浏览器首页，我们常常看到很多的在线教育平台推广广告。这些平台有的就是个人建立的。比如，你的英语非常棒，就可以自己搭建在线学习英语教育平台。还可以通过直播软件在线直播，也可设计 App，通过多种形式授课。

早期时，为了吸引用户，可以在一些社交媒体上做推广。当用户数量过多，个人无法完成教学任务时，可以招聘其他教师加入。

其次，入驻成熟的线上教育平台。很多线上教育平台是综合性的，如腾讯课堂、学而思网校等，这些平台由专业教师教授课程。如果我们不想自己搭建在线教育平台和做推广，则可加入这些成熟的线上教育平台。加入这些平台的方法很简单，只需注册，上传教师资质即可，审核通过后就可以在线授课了。

网络销售副业：没有口才也能赚钱

传统销售需要实打实的商品，向顾客面对面地推销，双方交流后意见达成一致，产品就能销售出去。想要成为优秀的传统销售，需要具备多个条件，比如有超强的亲和力。

人际交往中，有的人初次见面就能使人心生好感，忍不住想要靠近。其实，这是亲和力散发出来的魔力。一个人的亲和力表现在多个方面，如性格温和，有一张看上去十分舒适的面孔，嗓音可以不悦耳动听但话要令人如沐春风，散发的气息不能令人感到强势和有攻击性……拥有很强亲和力的销售，将在销售道路上无往而不利。

又如，要有不错的口语表达能力。不管是介绍产品还是就产品问题和顾客交流，都需要很强的语言表达能力。你的逻辑思维清晰，语言表达简明扼要，顾客才能准确了解产品。当然，成功的销售不能只围绕产品和顾客交流，也会交流其他话题，以此拉近与顾客的距离，所以，每位销售必须要有好的口才。

如此看来，成为优秀的传统销售是有门槛的。但有一种销售，即使没有亲和力、好口才，也能取得好的销售业绩，这就是网络销售。

什么是网络销售？简单点说，就是依靠互联网对外销售产品。网络销售具备这样几个特点：首先，顾客碰触不到产品。网络销售对外推销的产品没有实物，呈现出的产品是图片化、视频化、文字化的，顾客根据看到的产品信息与网络销售交流。其次，不必向顾客面对面地推销。网络销售员通过社交工具向顾客推销产品，回答顾客就产品提出的问题。

在这个过程中，既然网络销售不需要和顾客面对面交流，对亲和力、口才等能力就没有多高的要求。正是因为门槛低，网络销售成为很多人的副业。那么，在互联网上，可以做的网络销售副业具体有哪些呢？

比如，购物网站客服。现今，网购成为人们的主流购物方式。它之所以受人喜爱，是因为网上产品普遍比实体店产品便宜，可以让我们足不出户就能够买到世界各地的产品。因为网购的火热，各类购物 App 层出不穷，越来越多的商户纷纷加入各大网购平台。所以，在网购客服这个岗位上，还有很大的缺口。

网购客服，其实是网络销售，他们通过购物平台自带的社交软件向顾客推销产品，与顾客就产品问题交流，如淘宝客服、京东客服等，帮助顾客挑选产品，提供售后服务。如果我们的业余时间充足，对网络销售很感兴趣，则可选择以此作为自己的副业。通常情况下，网购客服的薪酬按照小时计算，想要赚得多，在线时间就要长。

又如网络营销。很多企业为了销售产品，会招聘很多兼职的网络营销人员，让他们在各大平台上宣传和推广产品，让顾客主动上门，再进行销售。

举个典型的网络营销例子：在百度知道上，一位网友因肥胖而烦恼，希望有人给他推荐一款健康、有效的减肥产品。某减肥产品的兼职网络营销员看到这个消息后，向其推销他所在企业的减肥产品，并留下联系方式。网友看到推荐和产品信息后，如果心动就会添加该网络营销员的社交账号，最终在社交账号上达成销售。网络营销员的薪酬受产品的销售量影响，销售得越多，赚到的钱就越多。

如果说购物网站客服是为企业或他人工作的，产品代理则是为自己工作的。翻看微信朋友圈或其他社交平台，你会看到很多推销产品的，绝大多数是在做产品代理。比如，在线下或线上看到一款很有销售前景的产品，就拿下其代理权。通常代理拿到产品的价格远低于市场价，每销售出去一件产品，就能赚到差价。

产品代理通常是在线上对外销售产品，工作不受时间、地点的限制，所以是很多人网络副业的首选。

此外，还有无货源销售。这类网络销售也是为自己工作，它的最大特点是对外销售时没有货源，靠赚取差价或佣金获取报酬。比如，我们在某个购物 App 上看到某款产品的价格非常低，可以在另一个购物 App 上开店铺，通过提高产品售价来赚取差价。

互联网关于网络销售的行业很多，绝大多数能够作为我们的网络副业。那么，如何才能成为业绩出色的网络销售呢？首先要对销售产品有细致的了解。

不管是传统销售还是网络销售，都要对产品有一个详细的了解。因为你对产品越熟悉、越了解，顾客才会越信服，产品就能推销出去。所以，成为网络销售后，首先要做的就是详细地了解自己销售的产品。如果你选择做产品代理，选择的产品一定要有优势，足够吸引人，这样才会有销售空间。其次，懂得使用网络销售语言。现今网络销售行业有一套固定的用语，如淘宝客服会频繁地使用“亲”“您”这类词。这类词让人感觉亲切、被尊重，拉近我们与顾客的距离，使得交易更容易达成。网络销售不会对我们的口才和语言表达能力有所要求，但在与客户交谈时要让他们感到亲切、贴心和尊重。再次，懂得使用各类软件和工具。为企业进行网络销售时，我们要会用社交软件，使用修图类、社交类软件。我们对各类软件和工具懂得越多，就越不会为行业所淘汰。最后，懂得拓展客户渠道。就网络销售而言，我们可以没有货源，但一定要有客户源。有了客户源，才能销售。所以，想要将网络销售这门副业经营得有声有色，就要学会拓展自己的客户渠道。

我们可以在社交平台上申请账号，利用特长发布文章或视频，以此吸引粉丝的关注。当粉丝量达到一定数量时，就可以进行流量变现。

现实中的你或许性格内向，或许没有口才，可能做不了传统销售这门副业，但从事网络销售副业是绰绰有余的。

第⑦章 谁说副业无须职业规划

我们做事情时，如果能先拟订计划，会发现执行时异常顺畅。同样，如果对职业做好规划，会发现工作更轻松，职业发展前景变得广阔起来。副业也是职业，所以需要有职业规划。根据规划，可以选择最适合自己的副业，让副业与主业、家庭、生活和谐共存。

理顺主业与副业的关系

什么是主业？它是指我们主要从事的职业。在这个社会，绝大多数人的主业工资是固定的，上班时间也是固定的。当收入赶不上家庭支出或是业余时间过多时，就会萌生出成为“斜杠青年”的想法，要去做副业。

我们可以做副业，但前提是理顺主业和副业的关系。如果不能对主业和副业有清楚的定位，很有可能影响到主业的稳定发展，副业也会做得不尽如人意。那么，主业和副业有什么关系呢？要先明白主业和副业的差别，这样才能判断出主业与副业孰轻孰重。

首先，雇佣上的差异。通常情况下，主业存在稳定的雇佣关系，副业中的雇佣关系并不稳定，可以随时选择中断，有时也不存在雇佣关系，如自媒体、写作等副业，都是为自己工作。

其次，工作时间上的差异。主业的工作时间是固定的，副业则是利用主业以外的时间，当我们的主业需要用到下班后的时间时，副业的工作时间就会不固定。根据时间上的差异，我们选择的副业在时间上要具有一定的灵活性。

再次，收入上的差异。主业带来的收入是稳定而固定的，副业带来的收入很多时候既不稳定也不固定。在绝大多数情况下，副业的收入要少于主业。但是当副业做得足够大、足够出色时，副业的收入也会多过主业。

从次，从事目的上的差异。从事主业是为了养家糊口，哪怕不是我们喜爱的，但是为了生活，如无意外，都要继续下去。尤其是对有家庭的人来说，更不会轻易放弃主业。从事副业的目的是改善家庭经济，或者是打发过多的时间。很多人选择副业是基于自我的兴趣爱好，所以哪怕下班后已经很疲惫，但在兴趣爱好的支撑下，依然会动力十足地工作。

此外，当我们对副业产生抗拒、厌烦的心理时，能够毫无负担地暂停或结束，因为副业不会对我们的生活造成太大的影响，我们也可随时选择从事其他副业。

最后，发展性上的差异。很多时候，主业的发展性要强于副业。举个例子，一家公司中有两个能力相当的员工，一个是正式员工，一个是兼职员工，从长远角度来看，公司肯定会选择将机会给工作时间稳定且足够专一的正式员工。当然，也不乏例外。有些人的副业发展得要比主业好，比如淘宝上的很多带货主播，他们起初是将直播当作副业来做的，但发展得比主业还要好。

根据主业与副业的差异性，从宏观角度看，副业是为主业服务的。当然，有时也因人而异，需要根据自身实际情况理顺主业与副业的关系，辨别孰轻孰重。只有清楚主业和副业的关系，才能做出对自己的最佳选择。

我们发展副业时，通常会遇到下列情况，这时可以根据主业与副业的关系来选择和安排。

比如，当主业和副业在时间上产生冲突时，该如何安排？通常情况下，主业的工作时间是固定的，但有时主业工作太多，不得不用下班的时间来完成。这时主业和副业就在时间上产生冲突，该如何安排呢？

如果主业比副业重要，先做主业，副业可以暂停或者延迟。比如，一名在工厂工作的技术工人每天下班后会花两小时送外卖。但是某一天，工厂设备出现故障需要抢修，他暂停了一天副业。

如果副业和主业同等重要，可以延迟一下主业或副业。比如一名公司职员，副业是带货主播，他每天工作结束后会在某购物平台直播带货，且副业收入一点不比主业少，故而副业在他心中与主业一样重要。某天，他的主业工作没有做完，需要加班完成。他做完直播带货后，熬夜做完了主业工作。

又如当副业对主业造成不好的影响时，该如何调整？不管是从事主业，还是副业，都需要耗费精力。当副业耗费了太多的时间和精力时，就会影响第二天的主业，需要对副业进行调整。

比如公交车司机，他的主业是开公交车，副业是在抖音上发布小视频获得打赏。因为副业的收入少且不稳定，他认为主业比副业重要。当他意识到花费在副业上的时间和精力过多，影响他隔天开车的状态时，就缩短了运营抖音的时间，不再投入过多的精力。

当副业的发展远比主业好时，我们要怎么规划主业与副业呢？主业的特征是收入多而稳定，工作时间长，当副业收入多于主业且稳定、工作时间长于主业时，我们需要考虑主业和副业的发展前景，以此规划主业和副业。

如果副业的发展前景高于主业，它就可以发展成主业。如果两者只能择其一，肯定选择更有发展前景的。如果副业的发展前景不及主业，我们不能为了副业带来的高收入而放弃主业，因为等到副业不能产生高收入时，就会后悔放弃了主业。

比如一名公务员，她非常喜欢写作，并在某网络文学网站上发表连载小说。她发表的小说非常火爆，为她带来了高收入。为了有更多的时间写作，她辞掉了公务员的工作。但是当她写第二本时，灵感枯竭，收入变少且不稳定。这时候，她为辞掉一份稳定的工作而后悔。

我们从事副业的时候，或多或少会影响到主业。只有理顺主业和副业的关系，才能找到两者的平衡点。

理顺家庭和副业的关系

我们从事副业的目的是什么？是为了赚取额外的收入，让家庭变得更好。很多时候，事与愿违，我们从事的副业并没有让家庭变好，反而越来越糟糕。

副业怎么会使家庭变得糟糕呢？

首先，副业占据时间过多，使我们不能兼顾家庭。每个人的时间和精力都是有限的，在某方面付出的时间和精力多一些，另一方面的付出就会少一些。

通常情况下，我们做完主业，其他时间会用在家庭上，使得家庭和主业的关系处在平衡状态。家庭成员关系和谐，幸福值就会比较高。当我们将经营家庭的时间用在副业上，家庭得不到经营，家庭成员的关系就容易不和谐，变得很糟糕。

其次，选择的副业无法获得家庭成员的支持，也会影响家庭关系。副业有多种，很多副业的前景是不确定的，尤其是需要先投资的副业，根本不能确定能否赚到钱。当我们从事的副业遭到家庭成员的反对，就会影响家庭关系。

2016 年，广西来宾市金秀瑶族自治县人民法院受理了一起离婚案件。案件的起因就和副业有关。本来夫妻俩过着幸福的生活，但是当年 2 月，妻子突然接触了微商，代理了一款美容护肤产品。从此妻子便沉迷其中，整天除了吃饭睡觉就是发微信，有时候甚至熬夜到两三点，根本没有任何时间照顾孩子和家庭。丈夫为此非常不满，多次提出抗议。但妻子并未理会，甚至加大投资，埋怨丈夫阻碍她干事业。两人就在这种互相不理解的状态下持续了几个月，三天两头吵一架。最终，两人的婚姻走向了破碎的边缘。因此，在选择副业的时候，如何理顺副业和家庭的关系也是做副业的必修课。

有这样一则新闻，一位在企业做文员工作的年轻妈妈觉得主业收入少，就想做一门副业赚点钱补贴家用。她在朋友圈中看到有人做某款减肥产品的代理，看到代理发的销售火爆的图片后，就想跟着做。当她将这个想法告诉自己的先生后，却遭到了先生的反对。她的先生告诉她，这款减肥产品是三无产品，销售火爆的图片都是制造出来的假象。但是这位年轻妈妈并不相信，她和丈夫大吵了一架后，又瞒着丈夫花了一大笔钱买来了产品。结果是，她买回来的产品一件都没有卖出去，而这件事也让这个家庭爆发了更大的矛盾。可见，当我们选择的副业得不到家人的支持时，是会影响家庭关系的。

最后，当副业给人带来太多的压力和疲惫感后，就会衍生出不好的情绪。这些情绪首要的发泄渠道就是家庭，影响到家庭关系。因为副业也是一份工作，任何工作都是有压力的，也会令人出现疲惫感。尤其是主业和副业的压力与疲惫感叠加后，会更令人无法忍受。

我们做副业前，需要对副业有清楚的定位，只有理顺家庭和副业的关系，才能让副业稳定持续地发展，让家庭越来越好。

每个人做副业的目的是不同的，这决定了副业的重要性。比如，你的家庭经济困难，做副业就是为了赚钱，它对你乃至整个家庭都是比较重要的。如果你的家庭经济条件不错，做副业仅仅是为了打发时间，它对你乃至家庭来说就不那么重要。如果你做副业的目的是发展个人的兴趣爱好，这份副业对你来说很重要，但对家庭来说就没有那么重要了。只有明确做副业的目的，才能根据副业的重要性平衡与家庭的关系。

如果非要在家庭和副业之间做出孰轻孰重的选择，家庭必然重于副业。因为不管我们从事副业的目的是什么，都是为家庭服务的。当我们有了家庭第一的意识后，就不会使家庭因副业而变得糟糕。

比如，遇到副业和家庭在时间上产生冲突时，该如何安排？小 A 是个勤劳的小伙子，他有一份房产中介的副业。在母亲生日这天，恰好有客户约他看房。他没有缺席母亲的生日宴，而是与客户协调了时间。因为他认为，客户可以每天有，但母亲的生日却是每年只有一次。

又如，当你在副业上投入太多精力忽视了经营家庭，该如何调整呢？我们需要明白，工作并非我们生活中的全部，也许副业对你来说很重要，但家庭更重要。因为副业没了可以再找，但家庭破碎了，却会成为一辈子的遗憾。所以，当你意识到自己投入家庭的精力不足时，就要减少投注在副业上的精力。只有均衡副业和家庭的关系，两者才能和谐共处。

现实生活中，我们也会遇到副业制造家庭矛盾这种情况，那该如何处理呢？比如，选择一个副业，但遭到家庭成员的反对，这时我们要做的不是与家人争执，而是安静下来，听一听家人反对的理由。如果家人说得很有道理，可以听取；如果说得没有道理，可以用我们的理由说服他们。

副业与家庭息息相关，两者会出现许多需要我们做出选择的问题。比如，当副业很有发展前景时，需要和家庭商议是否辞掉主业；当副业发展得风生水起时，可以拉上家庭成员一起做……只有你选择的副业得到家人的支持，副业才能做得顺风顺水。

一念成佛，一念成魔，副业是站在家庭的统一面还是对立面，全凭你如何看待家庭和副业的关系。只有将副业定义成是为家庭服务的，副业和家庭才能友好共存，在稳定发展副业的同时，家庭也会越来越好。

理顺帮你赚钱的人际关系

什么是人际关系？它是指人与人在交往的时候通过相互作用形成的直接的心理关系。简单点说，就是人与人的心理距离、心理倾向，以及相应的行为。举个例子，我们想要结识一个陌生人，可以用善意、体贴的言语或行为打消对方的心理戒备，拉近与对方的心灵距离，使得对方释放出善意的言行，这个过程就是人际交往。

我们发展副业的时候，人际关系能够发挥重要的作用，因为它能够帮助我们赚取财富。那么，怎么利用人际关系赚取财富呢？看完下面两个故事，你就会明白人际关系是如何为我们带来财富的了。

一位妈妈带着孩子去宠物市场，她想要给孩子买一条小狗，因为孩子非常想养。她去的宠物市场有三家宠物狗店。这位妈妈进了第一家宠物狗店，店铺老板对她说："女士，我店里的小狗都是纯种的，非常温顺、可爱，价格也不贵。不过，我们店不支持退货，所以，您购买前一定要慎重考虑。"结果，这位妈妈考虑了很久，最后还是离开了。

接着，这位妈妈带着孩子进了第二家宠物狗店。这家店的老板对她说："女士，我店里的小狗性格非常好，能够陪伴您的孩子成长。我们店虽然不支持退货，但是如果您真的不喜欢，可以放在我们店里，我们会帮您转卖。"这位妈妈听后有些心动，但是又想到不知道能不能转卖出去，有点犹豫，最后离开去了第三家宠物狗店。

第三家宠物狗店的老板说："女士，您是因为孩子想养才决定买小狗的，也许您的孩子过几天就不想养了。您可以在我的店里选一只小狗回去养几天，如果孩子喜欢，并坚持留下来，您再过来付钱。如果孩子不喜欢，不想养了，您再送回来给我。我们买卖不成仁义在嘛！"尽管第三家宠物狗的价格比前两家要高，但这位妈妈因为这家店的贴心服务选择在这购买。

同样是卖宠物狗，为什么只有第三家宠物店成功地将狗销售出去了呢？其实，三家宠物店对待客人的态度都很温和、尊敬，但是前两家释放出的善意和贴心远远不及第三家。这是因为第三家店铺做生意时将人际关系摆在第一位，生意摆在第二位。正是因为第三家更看重人际关系，生意得以轻松达成。

如果说这个事例讲述的是靠人际达成生意，接下来要说的就是靠人际关系中积累的人脉做成生意。

一位化妆品销售员，她的化妆技术特别好。一天，一个女孩来到她的柜台，一直在试用，并没有要买的意思。销售员看到女孩化的妆很糟糕后，就帮着女孩用店里的化妆品化了一个美美的妆。结果，女孩说了一声"谢谢"，就匆匆忙忙离开了。销售员的同事为她打抱不平，觉得女孩摆明是来蹭化妆品的，认为她不该给女孩化那么美丽的妆。但销售员笑着说："我今天没有做成她的生意，不代表以后也做不成。"

没过几天，女孩又来了，还带了几个朋友。这一次，女孩和她的朋友买了很多化妆品，也真诚地对销售员说，她那天要见一个喜欢了很久的男生，但因出门匆忙，没来得及化妆，因为约会地点恰好在这个商场，就想借化妆品柜台的试用装化个妆。她非常感谢销售员那天给她化了一个美美的妆，让她在男生面前留下一个好印象。

不管做什么行业，都需要站在长远的角度看待人和事。有些人，不管你付出多少时间和精力，他当下或许不能给你带来效益，不能帮你赚到钱，但是在未来，可能会带更多的人替你赚钱，因为每段人际关系在你的职业生涯中都会有发光发热的机会。

通过以上事例，我们能够清楚地认识到，人际关系能够为我们带来财富。所以，我们做副业之前，可以先理顺那些可以帮我们赚钱的人际关系。这也有助于我们选择副业。选择副业前，前方的路是黑暗的，我们不知道脚下是否有路，发展如何。但是厘清可以帮我们赚到钱的人际关系后，就能清楚知道自己该选择什么副业，也能预见副业的发展前景。

比如，你的主业是早教教师，肯定会接触很多家长，为了方便工作，会添加这些家长的社交账号。如果你有做副业的想法，则可往母婴方面发展，如做产品销售、艺术类辅导机构顾问等。因为做这些副业，人际关系能够帮你赚到钱。

做副业的过程中，我们除了要维护人际关系外，更要发展人际关系。据机构调查，一个人所赚的钱，12.5% 来自知识，剩余 87.5% 来自人际关系。成功学大师卡耐基研究得出，成功的人，其专业知识发挥了 15% 的作用，人际关系却发挥了 85% 的作用。所以，维护人际关系、发展人际关系对副业是非常重要的。那么，如何维护和发展人际关系呢？

我们与人相处时要用心，真诚经营，因为靠利益维系和发展的人际关系是脆弱的，当彼此的利益受损后，这段人际关系会立马破碎。只有真诚经营的人际关系，才会牢不可破。所以，维护和发展人际关系时，不要抱有强烈的目的性，要将人际关系放在第一位。

我们也要拓展交际圈，不要局限于一个圈子。人际关系能够帮我们决定所选择的副业，赚到钱，但我们不能保证从一而终只做一门副业。如果我们的交际圈足够广，就会有更多的副业供我们选择。因此，交朋友要交各行各业的，不能只交当前能让我们赚到钱的。

朋友是人一生中最宝贵的财富，哪怕不是为了副业发展，达成帮自己赚钱的目的，也要维护和发展人际关系。

理顺你的副业是长干还是短干

每个人做副业的原因不同，有人是为了赚钱，有人是为了兴趣爱好，有人是为了打发时间。不管我们做副业的原因是什么，既然选择去做，就要用心。为此，需要做出关于副业发展的职业规划。

做副业规划前，需要先要弄清楚一个问题：你的副业是准备长干，还是暂时过渡？对副业的计划不同，其规划也将不同。

很多知名企业家有做副业的经历，绝大多数是为了替主业筹备资金，所以他们的副业仅仅是为了过渡当前的困境。比如，马云在创建商业王国时，一度遇到资金困难，他不得不去摆地摊。他在义乌小商品批发市场批发了很多商品，晚上去热闹的地方摆地摊。靠着摆地摊赚来的钱，他走出困境，最终一步步地创建了阿里巴巴。

又如华为技术有限公司创始人任正非，他在自传中讲述了经商失败的经历。为了能够东山再起，他也做过许多副业，如销售保健品、减肥药等，哪个副业赚钱，他就去做哪个。最终，他用副业赚来的钱盘活了主业。

很多创业者做副业是为了服务主业，他们做副业的计划是短期的，是为了过渡。因为业余时间过多找个副业打发时间的人，也不会长期地做副业。这类打算做短期副业的人，不会站在长远的角度做职业规划。因为一旦他们创业成功，主业持续稳定发展，就会毫不犹豫地放弃副业。

不过，哪怕是短期地从事副业，也是要有目标的。所以，短期从事副业也需要有规划。那需要规划些什么呢？

首先，这门副业能够随时上岗、下岗。既然是为了过渡，就不会过多思考副业前景，选择的副业既能随时上岗，又能随时离开。比如一个年轻小伙子，当前经济困难，决定找个副业做一做。他选择做一名兼职外卖员，利用午休、主业下班后的时间跑单，等赚够了钱，立马选择不干。

其次，短期从事副业的目的，据此选择职业。对创业人员或面临经济困难的人来说，他们做副业是为了赚钱。因为创业等不了慢钱，经济困难迫在眉睫，所以会从事来钱快的副业。渡过难关后，也会选择结束副业。如果是为了兴趣爱好找副业，赚钱是次要的，兴趣才是重要的。

短期从事的副业是生活的调味剂。当生活变得丰富多彩时，副业就成了累赘，继而会放弃它。

有人选择副业是暂时过渡，自然有人准备长期做。那么，我们打算长期做一门副业，需要有什么规划呢？

首先，选择的副业要有一定的门槛。门槛越低，意味着人人都可以从事；门槛越高，意味着从事的人越少。当一门副业从事的人多了，市场就会饱和，竞争力大，赚钱就很难。就像自媒体行业，因为人人都能够从事，市场严重饱和，很多人在坚持了一段时间，见迟迟得不到回报就选择离开，白白浪费时间和精力。

如果一开始就选择有门槛的副业去经营，投入的时间和精力越多，回报也将越多。比如，一位声乐老师因为闲暇时间多，就想找一门副业去做。因为他的嗓音很好，口语表达能力不错，就想做一名业余的主持人，为此他特地学习主持的技巧，并将主持这门副业经营得有声有色。

主持职业对控场能力、口语表达能力、嗓音条件都是有要求的，正是因为有门槛，所以不是人人都能做。尤其是条件出色的，更能在这个行业中发光发热。

其次，选择的副业要具有稳定性。我们既然打算长期做副业，自然会有将副业做好的想法。任何一门职业，做的时间越长就越有成绩，副业也不例外。选择一门具有稳定性的副业，时间一久，就能做出成绩。

最后，考虑选择从事的长期副业是否有发展前景。主业是稳定且长期从事的职业，我们会不由自主地考虑主业的发展前景。如果主业没有发展前景，就会做出对自己有利的选择，重新再找一份有发展前景的。

从一定程度上说，长期做一门副业其实等同于做主业，因为这时候的副业具备了主业的特点，不能看轻它，要考虑其发展前景。所以，选择副业或是做副业规划时，要对副业的发展前景有所憧憬。

选择一门副业前，要想清楚你的副业是长期经营还是暂时过渡，有利于选择最适合自己的副业，也利于副业发展。

理顺你做副业是为了生存还是发展

网络上有一个流行词，叫作“副业刚需”，是指发展副业是必须的，要永远给自己留一个“B 计划”。所以，做副业成为当今的流行趋势。你永远不知道自己身边有几个人没在做副业，也不知道做副业的人，其收入是你工资的几倍。

观察这个社会，你会发现演员做起了直播，歌手做起了演员，同事和朋友做起了微商……在当今社会，为什么副业成为众多人的选择呢？原因有以下几个。

首先是经济压力。一个人的生活，找一份主业去做，倒没有多少经济压力。但是，选择步入婚姻殿堂，组成家庭，尤其是成为房奴，有了孩子，会发现什么地方都需要用钱。迫于经济压力，你不得不找一份副业增加收入。

其次是主业的不稳定性。天有不测风云。在这个社会，没有哪份职业是稳定的，就算金饭碗、铁饭碗，也有弄丢的一天。职业和经济收入上的不稳定性，迫使人们要找一份副业增加安全感。尤其是找到一份稳定的、能够长期从事的副业，令人在内心更有底气。

此外，精神上的空虚会使人找副业来填满内心的空洞。绝大多数人的主业是重复、枯燥的，长久从事会使人产生疲惫感和空虚感。找一份有趣的副业，能够使人重拾对生活的热情和希望。

种种原因造成副业成为这个社会的流行趋势。既然我们选择要做副业，就要对副业有所规划。如果盲目去做，结果只会是赚不到钱，工作也不稳定，甚至会感到精神与心灵的空荡。

我们做副业前需要理顺做副业的目的是图生存，还是图发展？对副业定位的不同，规划也将不同。或许很多人认为，主业是图生存的，副业是图发展的。事实上，不同的人对副业的定位是不同的，我们不能以偏概全。因为当主业的收入保证不了生存，发展副业依然是为了生存。

如果发展副业是为了生存，该如何规划副业呢？

曾有一则新闻，讲述了一个发生在刚大学毕业才迈入职场的年轻人身上的故事。这个年轻人出生于单亲家庭，母亲靠打零工供他读书。他刚工作就遇到了不幸的事，母亲生病了。年轻人的主业赚到的钱根本不够支付母亲看病的费用，所以他又找了一份收入不错的副业，这才负担起母亲的医药费。这样陀螺似的生活持续 10 年，直到母亲去世，他才结束副业。

回头来看年轻人的主业和副业。他的主业是为了生存，副业也是为了生存。那在找副业的时候，需要做哪些规划呢？

首先，副业和主业要互不影响。主业是为了生存，副业不能对主业造成影响，如在工作时间上不能与主业冲突。同样，副业也是为了生存，那主业的工作就不能占据副业时间。其次，副业赚的钱越多越好。故事中的年轻人做副业是为了赚钱，是为了生存，所以不用考虑副业的发展前景。

事实上，如果年轻人的主业是一名幼儿园体育教师，找的是健身教练的副业。他的主业工作时间是在白天，副业的工作时间可以是晚上或是周末，两者在时间上不会有冲突。此外，体育教师和健身教练这两份工作性质相同，年轻人可以游刃有余。更重要的是，健身教练尽管是副业，但赚到的钱一点不比主业少。

如果我们对副业的定位是图发展，规划将有所不同。

一位知名的女作家，她的主业是银行职员，很稳定，收入也不错，但她所在的职位很难有上升的空间。为了寻求新的发展机遇，她决定做副业。她从小就喜欢看书，也喜欢写文章，所以选择成为一名网络作家。她写的第一本书，题材新颖，故事情节扣人心弦，很快吸引了大批读者，也积累了很多书粉。此后，她的每本书出版后，影视版权和游戏版权也会被买走，赚了一大笔钱。更重要的是，多家影视文化公司聘请她为编剧，经由她改编的电视剧收视率极高，她也名声大噪。

这位作家的主业是图生存，副业则是图发展。那么，她在副业上做了哪些规划呢?

首先，选择的副业基于爱好。这位女作家的主业稳定且收入尚可，不需要依靠副业赚取更多的收入，更希望副业给她带来新的发展机遇。所以，她遵从兴趣爱好，选择一份自己喜欢的副业。事实上，网络写作是一份极不稳定的副业，谁也不能保证能否赚到稿酬。但是因为有主业的支撑，她才能潇洒地投入副业。

其次，选择的副业需要有发展前景。这位女作家做副业是为了发展，所以副业有发展前景是必要条件。网络作家这门副业极有发展前景，只要自身能力突出，坚持下去，就能够名利双收。事实上，她的选择是对的，既赚到了钱，也收获了名声。

如果我们做副业是为了发展，在职业规划上，更多要考虑这份职业自己能否做得长久。

畅销书作家马尔科姆·格拉德威尔在作品《异类》中指出："人们眼中的天才之所以成就非凡，并非因为天资过人，而是因为持续不断地付出了努力。任何人只要经过一万小时的锤炼，都能从平凡变得不平凡。"这是著名的"一万小时定律"。事实上，大量数据表明，各行各业的顶尖人才，从事行业的最低时限是一万小时。

我们想在副业上寻求发展，就要长期地经营这门副业。基于兴趣爱好选择的副业，能够很大程度保证我们长久去做。

我们也要考虑选择的副业是否为自己擅长的，因为喜欢一门副业不代表擅长它，也不代表未来能够做出成绩。但选择自己擅长的作为副业，就如同站在起点，看到终点。

根据自己的实际情况，对副业做出准确的定位和规划，我们才能找到适合自己的副业，让副业与主业和谐共存。

理顺个人单干与团队作战的关系

在发展副业的过程中，相信每个人都有这样的困扰，到底是单干，还是拉个团队共同发展呢？俗话说得好，“一个和尚挑水喝，两个和尚抬水喝，三个和尚没水喝”。单干时，所有的收入都是自己的，自然会迸发出更大的干劲。一旦人多了，利润被摊薄不说，有时团队意见无法统一，也会对项目进展造成极大困扰。但也有这么一句话：“一只蚂蚁来搬米，搬来搬去搬不起；两只蚂蚁来搬米，身体晃来又晃去；三只蚂蚁来搬米，轻轻抬着进洞里。”一个人的时候虽然收入高，但所有的风险都需要自己承担，而且个人精力有限，真正能够获得的收入未必有团队协作时来得高。因为团队作战虽然每个人只能分得一块蛋糕，但更容易把蛋糕做大。因此，在从事副业的过程中，如何处理个人单干和团队作战的关系，显得异常重要。处理得好，收入翻倍；处理不好，不仅降低利润，甚至有可能让项目死掉。

小马是 2013 年毕业的，虽然过着朝九晚五的生活，但业余时间，他一直寻找新的可能。两年后，他在婚庆行业看到机会，经过半年多的试水，成功把副业转正，注册了一家文化传媒公司，日子过得风生水起。但是问题很快来了，因为业务发展得太快，从营销到策划再到主持，全部由小马一人包办。他明显感觉到精力有点透支。

为了公司的长远发展，他决定打造一个团队。一个月后，他的公司有了 8 名员工。这些员工的到来，让他有了更多的时间放在公司策划与长远发展方面，营业额也是节节攀升。不到一个月，他的营业额就有了十几万元。除去房租和人工，他每个月的净收入能有两万块钱左右。这是他第一次经营公司。刚开始能有这样的成绩，小马已经十分满意。

慢慢地，随着公司的发展，员工达到 20 多人。一年后，公司的营业额已经翻了一番，但是除去房租和人工，小马每个月的净收入还是两万块钱左右。小马觉得不能再这么下去，一定是某个环节出了问题，他开始问自己市场营销能不能外包，司仪和礼仪能不能外包？因为他发现，虽然公司有 20 多个人，但绝大部分能为公司创造的价值抵不上自己的工资。经过一段时间的反思，当年年底，小马集合公司人员，宣布了两个消息：一是公司业务按照项目外包给个人或者团体；二是公司所有员工解散，但可以优先承包公司业务。

就这样，小马从个人单干绕了一圈又回到原点。只是这次，他的收入翻了好几番。他注销了公司，转而建立一个工作室，租下东莞的一个高端写字楼。整个工作室只有他一个人，但相比最开始两万块钱的利润，这时他每月净收入有一二十万元，差不多是他刚创办公司时一个月的营业额。用小马的话来说，就是“单剑客闯天下，无敌于天下”。

这个例子其实很好地说明在从事副业的过程中，如何理顺个人单干与团队作战的关系。为什么在公司发展壮大的时候营业额节节攀升，但是净利润却一直不见上涨？因为公司多了很多混日子的人。这些人虽然也在干活，但是创造的价值远不如工资。营业额之所以上涨，是因为有一群业务骨干，也才让公司养了一群闲人的同时不至于亏损。想明白这点，小马果断地解散员工，把业务外包出去。这么做有一个优点，那就是清除一群闲人之后，那些业务骨干能够继续留下来。因为小马明说了，公司员工有优先承包业务的权利。在原老板支持的情况下，这些业务骨干通过外包，肯定能挣得比之前更多。对于小马来讲，没有 20 多个人的工资，营业成本大大下降，成就了双赢的局面。

可是细想一下，解散公司之后，小马就是单干吗？恐怕不能这么认为，本质上他还是在和公司的业务骨干一起协作，只不过这次他们的关系从纯雇佣变成纯合作。小马在从副业变事业的过程中先后经历单干、团队作战，最终回归一种特殊的单干模式。根源是什么？就是效率。

副业开始初期，小马接不到太多的大单子，最优解就是个人全包，这样能够保证收入最大化。随着业务的增多，这种单干的收入天花板渐渐显露出来，这时候招募团队就是自然而然的选择。小马注册了公司，招募了员工。应该说，如果小马在公司管理方面做得好的话，这样的模式也能够保持增长。但是每个人都有短板，在人力成本上，小马很难做到最优解。因此，他最终回归了单干模式。但这次与之前有所不同，他在保持单干最大自由性的同时，还拥有了之前没有的团队优势。这是他的收入能够比最初高 10 倍的原因。可以说，“一个人的工作室”真正做到“阴中有阳，阳中有阴”，将单干和团队作战完美地融合起来。

单干最大的优势是什么？就是决策的绝对自由，以及收入无须分配，全由自己所得。但劣势同样明显，就是一个人抗下所有风险。一旦业务扩大，在个人精力有限的情况下，很容易忙得焦头烂额。团队的优势则在于集思广益，资源整合，风险共担，能够把蛋糕做大，虽然分蛋糕的人多了，但只要规模足够大，未必会挣得少。如果管理不善，人多未必力量大，甚至会引起不必要的损耗，给发展带来危机。

因此，没有哪个模式是绝对正确的。从小马的例子也能看出，不管是单干模式还是团队模式，只要能让效率最大化，就是好的模式。而且，单干和团队作战不一定发生冲突，你中有我，我中有你，未必不可。总之，我们发展副业时，大可不必拘泥于教条，要根据实际情况灵活变通，理顺单干和团队作战的关系，提升效率。此乃成功之道。